Medicinas alternativas y eficacia terapéutica

La psicoterapia de Sergio Peinado Guerrero.
Un análisis etnográfico sobre formas no institucionalizadas de salud

PAULA BERMEJO RUZ

Bachelor's Thesis

[July 2022]

Universidad de Sevilla

Supervisor: María Carmen Mozo González

Faber & Sapiens

Medicinas alternativas y eficacia terapéutica

La psicoterapia de Sergio Peinado Guerrero.
Un análisis etnográfico sobre formas no institucionalizadas de salud

PAULA BERMEJO RUZ

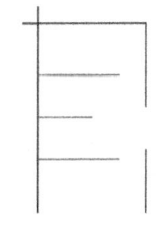

Ápeiron Ediciones

First Edition by Faber & Sapiens,
an imprint of Ápeiron Ediciones,
in 2024

© Faber & Sapiens
© Ápeiron Ediciones
C/ Príncipe de Vergara, n.º 132, planta 9
28002 Madrid
Tfno. (+34) 637 10 99 20
E-mail: info@faberandsapiens.com
http: www.faberandsapiens.com

Design and layout: Ápeiron Ediciones

ISBN: 978-84-128256-3-3
DL: M-6307-2024

Medicinas alternativas y eficacia terapéutica:

La psicoterapia de Sergio Peinado Guerrero.

Un análisis etnográfico sobre formas no institucionalizadas de salud

Agradecida a Roberto y Sergio por ser estrella polar y horizonte.

*A las pacientes por abrirme su intimidad
y brindarme la oportunidad de aprender.*

*A mi profesora Carmen Mozo González por,
como expuso una compañera, enseñarnos más allá de las aulas
haciendo de nuestro aprendizaje algo infinito.*

*A Constanza por mostrar esa mente tan despierta
y ser tan buena compañera de viajes.*

Muchas gracias.

CONTENTS

1. Introducción

La *Psicología* es una ciencia de la salud perteneciente al sistema biomédico y centrada en la mente; comprende el riesgo a enfermar, la con-
dición de la enfermedad y la recuperación de ésta a través de aspectos
genéticos, neuropsicológicos, mentales y psicopatológicos de los deno-
minados pacientes. Las enfermedades detectadas por la Psicología son
tratadas mediante la *psicoterapia* con el objetivo de establecer un bienestar mental y social en los pacientes. La psicoterapia de Sergio Peinado
Guerrero, como psicoterapia que es, se sitúa dentro los parámetros de la
psicología y persigue su mismo objetivo, pero de una forma "peculiar" si
lo comparamos con las psicoterapias convencionales. Esta psicoterapia
"peculiar" sigue la estructura habitual que cualquier psicoterapia suele
tener – un psicoterapeuta te atiende en una consulta propia preocupado
por tu salud mental – y utiliza métodos convencionales de salud mental
como la escucha activa, exámenes de personalidad o la hipnosis clínica.
Su peculiaridad se encuentra en que estos métodos convencionales de
salud se entremezclan con métodos alternativos, como la lectura de carta astral o las regresiones – hipnosis a vidas pasadas – entre otros que de-
finirán a la psicoterapia de Sergio Peinado Guerrero como alternativa.

El contexto socio – histórico actual en el que se encuentra dicha psicoterapia alternativa que geográficamente se localiza en Córdoba, España se caracteriza por el desencantamiento de las formas de vida y el
acopio generalizado de saberes medicinales por parte de las institucio-
nes. En el contexto de dicho marco contextual, comienzan a emerger
terapias o psicoterapias consideradas alternativas o complementarias
venidas de distintas ramas del conocimiento médico que, a través del
discurso común, serán mayoritariamente juzgadas con titulares en perió-
dicos como "Pseudoterapias: entre la fe y el fraude" (Quindós – Andrés.

02/01/2020) o "Medicina Alternativa: Pseudociencias y pseudoterapias. ¡Que no te la den con queso!" (García. 25/08/2021). También podemos encontrar famosas publicaciones en plataformas virtuales como *You-Tube* tituladas: "Manipulando la MENTE ft CdeCiencia / Hipnosis y Sugestión" (La gata de Schrodinger. 05/07/2020) o "Nos tomamos 64 pastillas HOMEOPÁTICAS / ¿Funciona la homeopatía?" (La gata de Schrodinger. 15/05/2019) terminando dichas publicaciones con una valoración negativa de estas cuestiones "alternativas". Con estos ejemplos, establecemos que con el crecimiento del número de terapias alternativas también han aumentado los discursos que las catalogan como peligrosas. En estas dos realidades polarizadas es donde encontramos el interés social y científico en investigar sobre la eficacia terapéutica de una terapia alternativa como es la psicoterapia de Sergio Peinado Guerrero. ¿Son las terapias alternativas eficaces? ¿Son todo un fraude que busca enriquecerse a costa de tu salud? ¿Por qué surgen estas prácticas y de esta manera? Ante las frecuentes preguntas es necesaria la investigación antropológica centrada en la salud ya que, mediante sus herramientas de análisis, podemos comprender las dimensiones de la eficacia terapéutica estableciendo los límites existentes entre lo fraudulento y la eficacia de las terapias "pseudocientíficas", además de entender el aumento de asistencia a estas terapias alternativas a lo hegemónico en términos de salud. Para demostrar o no la eficacia terapéutica de distintas prácticas medicinales necesitamos una visión holística que comprenda la salud más allá de los análisis propuestos desde el sistema biomédico, los cuales, son necesarios y eficientes, pero en ocasiones no son suficiente para establecer la eficacia o no de ciertas terapias. Investigar sobre "medicinas alternativas y eficacia terapéutica", como he expresado, enriquece a las ciencias sociales y de la salud, además de establecer cierta claridad en personas dolientes que no encuentran el consuelo que necesitan en el sistema hegemónico y que no por ello deban de elegir entre lo hegemónico y lo fraudulento, sino que tengan herramientas con las que poder decidir y analizar qué se adapta mejor a sus necesidades a través de un abanico de posibilidades contrastadas científicamente.

2. Problema de investigación

Entendiendo que la eficacia terapéutica es uno de los fundamentos en que se basa cualquiera de los sistemas médicos o tratamientos dirigidos a la curación/sanación (Blázquez et al. 2020) incluyendo a las terapias alternativas. Nuestro problema de investigación trataría de la búsqueda de los elementos sanadores/curativos que hacen que la terapia objeto de estudio – la psicoterapia de Sergio Peinado Guerrero - sea eficaz en el sentido terapéutico.

3. Unidad de análisis (U.A.)

Antes de expresar la U.A es necesario saber que las técnicas terapéuticas de la psicoterapia de Sergio Peinado Guerrero – tanto alternativas como convencionales – toman su mayor punto de acción en el tratamiento de la memoria traumática característica del tratamiento psicológico. Esto quiere decir que, estableciendo como Unidad de Análisis la expresión del dolor y la memoria en consulta por parte de los pacientes, se puede atender mejor a nuestro problema de investigación centrado en los elementos sanadores/curativos que dan lugar a la eficacia terapéutica.

4. Unidad de observación (U.O.)

Como entidad limitada temporal y espacialmente en la que poder investigar, nuestra U.O será la psicoterapia ofrecida por Sergio Peinado Guerrero en Córdoba, Andalucía. Esta psicoterapia, además de ser nuestra Unidad de Observación también es nuestro objeto de estudio. La psicoterapia de Sergio Peinado Guerrero no se trata de una empresa, ni de una clínica con nombre propio, sino de un hombre (el psicoterapeuta) que atiende en su casa - la consulta - a las personas que lo reclaman. A este respecto, la U. O. se focalizará en la consulta del psicoterapeuta establecida como epicentro donde se expresa y vincula el dolor produciendo la eficacia terapéutica.

5. Marco teórico – metodológico

La Organización Mundial de la salud define a la "salud" como *"el estado completo de bienestar físico, mental y social y no simplemente la ausencia de enfermedad o invalidez"*. Esta definición fue adoptada por la Conferencia Sanitaria Internacional en 1946 y puesta en vigor el 7 de abril de 1948: Desde esta fecha no ha sido modificada. En la Conferencia Internacional sobre Atención Primaria de Salud Alma – Ata de 1978 se estableció a la salud como un derecho fundamental lo cual supone un logro social debido a que esta, como todo elemento estructural, se encuentra en el seno del sistema de desigualdades (Mozo. 2013). Esto último quiere decir que el proceso salud/enfermedad/atención de una sociedad es un elemento vinculado a la producción y reproducción social y, por tanto, es importante tenerlo en cuenta en el estudio social. Dicho proceso estructural se ve consensuado, institucionalizado y practicado a través de lo que denominamos Sistemas Médicos, los cuales como indican Comelles y Menéndez, tratan de un *"conjunto de creencias y de prácticas para el tratamiento de la enfermedad y para su prevención característica de una determinada cultura. Es por tanto un sistema socio - cultural"* (Comelles y Menéndez. 1993, p 87). Teniendo en cuenta que los Sistemas Médicos son sistemas socio – culturales, la enfermedad que en ellos se atiende, trataría de una serie de clasificaciones médicas de hechos significativos que no dependen en su totalidad de condiciones objetivas y que varía culturalmente.

Como método de análisis para el estudio e investigación de estos hechos significativos social y culturalmente – las enfermedades – Young y Fábrega establecen 3 dimensiones interconectadas que definen los orígenes y efectos de la enfermedad; *disease* (Fabrega. 1972), *illness* (Fabrega. 1972) y *sickness* (Young. 1982); la primera hace referencia al aspecto biológico de la enfermedad siguiendo la norma biológica de los cuerpos; la segunda trata de la experiencia vivida por la persona doliente, es decir, supone la vivencia del malestar y de la aflicción; la última definición, se refiere a las cualidades sociales de la enfermedad y su reconocimiento. Trata de una negociación social y cultural con respecto a las otras dos dimensiones de la enfermedad ya comentadas. Las diferentes dimensiones de la enfermedad están ligadas a la *eficacia terapéutica* que se prevé en los procesos de salud y atención de las personas enfermas o dolientes. Uno de los primeros autores interesados desde la ciencia social por la eficacia terapéutica fue Allan Young – también implicado en la conceptualización de las dimensiones de la enfermedad – quien definió a la eficacia terapéutica como *"La habilidad para afectar, intencionadamente, el mundo de algún modo que puede constatarse; para producir la clase de resultados que los actores prevén de manera anticipada"* (Blázquez et al. 2021). Lo que aclara que la eficacia terapéutica es algo que puede ser corroborado y pertenece a contextos, prácticas y saberes medicinales concretos. La eficacia terapéutica es el aspecto en el que se basan todos los tratamientos, prácticas, técnicas y sistemas médicos existiendo un grado mayor o menor de esta eficacia terapéutica.

En el contexto de nuestro objeto de estudio – la psicoterapia de Sergio Peinado Guerrero – la eficacia terapéutica de los procesos enfermedad/salud/atención es medida mediante los criterios del sistema biomédico ya que en este caso es el sistema médico hegemónico. Como indica Kleinman, el sistema biomédico está centrado en la dimensión biológica de la enfermedad, la cual, de forma ideal, encuentra el culmen de la eficacia terapéutica en el efecto producido por la medicación farmacológica[1] desatendiendo en muchas ocasiones otros aspectos. Cornejo y Blázquez (2019) también caracterizarán a este sistema médico como

---

[1] Por ejemplo, se busca más una cura para el cáncer en vez de medidas preventivas para la menor reproducción del cáncer en las personas. Se encuentra la erradicación de la enfermedad y, por tanto, la eficacia terapéutica, en el medicamento farmacológico más que por otros medios.

"acaparador institucional de saberes sobre la salud" factor de gran importancia en el *giro terapéutico* que darán las prácticas mágicas surgidas a partir de 1960 con los procesos de desarticulación de las religiones de libro – islam, cristianismo y judaísmo –. Estas nuevas "terapias mágicas" o "pseudocientíficas" – ambos conceptos determinan que no existe una relación clara entre causa y efecto – son clasificadas actualmente dentro de los movimientos espirituales New Age, Nueva Era o Era de Acuario que designan este intenso emerger de prácticas mágicas y terapéuticas que son relacionadas entre sí por usar técnicas descontextualizadas en el tiempo y espacio, buscar el bienestar a través del sacrificio y la sanación, sobre todo por estar atravesadas por la lógica económica capitalista; "supermercado religioso" es como denomina Hanegraaff (2021, pp 171 – 176) a esta "nueva" – desde el siglo XVIII – participación de la religión o prácticas mágicas en la economía – política actual.

A pesar de compartir algunas características y ser una influencia para nuestro objeto de estudio, como indica Marabini (2013), el término Nueva Era no es suficiente. Mediante dicho término se pueden englobar todo tipo de terapias con características totalmente diferentes uniéndolas únicamente el contexto contemporáneo, es decir, los términos New Age, Nueva Era o Era de Acuario necesitan reconsiderarse en un sentido científico para establecer una categoría que clasifique y no confunda. Nuestro objeto de estudio está influenciado por la New Age, pero no podemos usar esa influencia como categoría teórica o analítica debido a que, a través de ella, no se comprenden las cualidades propias de la psicoterapia, aunque sí se explican ciertos procesos socio – históricos en los que se enmarca como el surgimiento de la Psicología Transpersonal. En la Nueva Era como expone Joan Prat (2019) encontramos todo tipo de técnicas y vías tales como el chamanismo, gnosticismo. monaquismo… etc. que no tienen una relación estrecha y directa con la psicoterapia de Sergio Peinado Guerrero. Es por esta razón que utilizamos los apuntes de Hanegraaff (2021) sobre "esoterismo occidental". En ellos encontramos no sólo un contexto socio – histórico más afín a la psicoterapia objeto sino una profundidad a la hora de tratar las prácticas terapéuticas venidas de lo "mágico". Hanegraaff establece un análisis diacrónico del contexto esotérico occidental y, lo que para mí es más importante, establece que hay prácticas mágicas o esotéricas que perduran hasta hoy – transformadas – y que desde su origen tienen un objetivo terapéutico, es decir, que este objetivo "sanador" no solo se dio con el giro terapéutico de la New Age, aunque sí consiguen mayor relevancia a través de ella; ejemplos de ello son la Astrología y el mesmerismo[2].

Por último, ya explicando los medios de conocimiento usados para el trabajo de campo, estos han sido influenciados por las posiciones críticas de Wittgenstein y Winch (Cantón. 2003) respecto a los juegos del lenguaje y por la técnica de campo de Favret – Saada "ser afectado". Han sido usadas estas premisas tanto por la constitución de la psicoterapia de Sergio Peinado Guerrero como por mi relación íntima con ella. Cantón expone: *"Así, Winch trató de articular la relación entre la actividad lingüística y los procesos de constitución de la realidad: «No es la realidad la que dota de sentido al lenguaje. Lo real y lo irreal se muestran en el sentido que el lenguaje tiene. Más aún, tanto la distinción entre lo real y lo irreal como el concepto de correspondencia con la realidad pertenecen a nuestro lenguaje, Winch utilizó de una manera nuclear el concepto de Wittgenstein juegos del lenguaje, …"* (Cantón. 2013, p 262). Lo irreal designa lo real y viceversa. Esto nos ayuda a entender con mayor profundidad a la patología entendida dentro de una "memoria traumática"; las características de las técnicas terapéuticas usadas para la sanación del trauma en nuestra psicoterapia y su asociación asociadas a lo "mágico", "esotérico" o "pseudocientífico" – lo que designa a la psicoterapia de Sergio Peinado Guerrero como alternativa –, además de establecer la definición de "magia" que usaremos para este trabajo. Magia sería aquello irreal/real que cohesiona a los elementos terapéuticos de la psicoterapia, es decir, se trata de los aspectos que no tienen una relación causa – efecto concreta, pero que guardan un papel en la psicoterapia componiendo las formas

---

[2] Precedente de la hipnosis clínica usada en psicoterapias venidas del sistema médico y en las alternativas.

de salud, atención y conceptualización de la enfermedad. Lo explicado se hila a la perfección con el "ser afectado" de Favret – Saada. Esta autora descubre en su trabajo de campo con brujería del Bocage en Francia que los campesinos no tenían que creer en la brujería para verse "afectados" por esta razón, comenzó a estudiar el "afecto" en estos contextos y cómo a través de él podía vislumbrar otras dimensiones de la realidad que se quiere investigar y comprender otras. Al haber estado tanto tiempo vinculada al objeto de estudio puedo llegar a utilizar el "ser afectado" como concepto analítico y técnica etnográfica; también es una de las razones por las que decidí que era buena idea usar mi memoria como técnica etnográfica, claro está, siempre haciendo un esfuerzo por seguir los límites de ser investigadora y no únicamente paciente, participante y conocedora de todos los procesos. El ser afectado se implica en la magia, en la emocionalidad de la memoria y en el dolor haciéndonos jugar con la imaginación y la realidad; estos últimos imaginación y realidad son dos términos íntimamente relacionados. ¿Quién no ha comenzado a reírse de la nada tras recordar un viejo chiste? ¿Quién no se ha levantado con plenitud tras un precioso sueño? Esto quiere decir que sentimos, pensamos y actuamos junto a un proceso imaginativo que es transformado y transforma realidades – volvemos a la idea real/irreal de Wittgenstein y Winch – . El "ser afectado" nos posiciona en el seno de estas dificultosas realidades/irrealidades para indagar en la eficacia terapéutica que tiene la dinamización de dicho binomio en la psicoterapia de Sergio Peinado Guerrero. Como expresó Calderón de la Barca en su famoso "monólogo de Segismundo": *"(..)y en el mundo, en conclusión, todos sueñan lo que son, aunque ninguno lo entiende".*

6. Objetivos

1. Aproximarse a la relación existente entre psicoerapeuta y la persona psicoterapeutizada, teniendo en cuenta que dicha relación forma parte de la eficacia terapéutica.

1.1. Entender el modo de acceso a la psicoterapia y si existe algún tipo de publicidad acerca de ella.
1.2. Analizar la forma en la que se proyecta la jerarquía relacional psicoterapeuta – psicoterapeutizado.
    1.2.1. Identificar el ambiente de la consulta.
    1.2.2. Observar, describir y explicar la lógica económica existente.
1.3. Describir y explicar los comportamientos y el ambiente dados en el espacio de terapia para empatizar y comprender la expresión emocional e indefinible.
    1.3.1. Identificar actitudes y comportamientos de los pacientes.
    1.3.2. Identificar actitudes y comportamientos del psicoterapeuta.
    1.3.3. Explicar el ambiente dado en consulta.

2. Establecer la relación existente entre las técnicas terapéuticas usadas, haciendo referencia al tipo de cosmovisión que construyen juntas sobre lo que es enfermedad y lo que es salud y su relación con la eficacia terapéutica de la psicoterapia.

2.1. Identificar lo que se establece como psicopatología.
    2.1.1. ¿Qué psicopatologías son curables a través de esta psicoterapia?

2.2. Identificar las técnicas terapéuticas que se usan para sanar.

2.3. Identificar para qué tipo de aflicciones se usan unas técnicas u otras.

2.4. Investigar bibliográficamente y explicar de qué interpretaciones sobre la salud viene cada técnica terapéutica (biomedicina/New Age).

> 2.4.1. Entablar los elementos estructurales que dan sentido y posicionan a cada una de las técnicas terapéuticas usadas.

2.5. Identificar qué efectos provocan las técnicas terapéuticas venidas de la New Age e imbricadas a través de la Psicología Transpersonal.

> 2.5.1. ¿Cómo aceptan los pacientes las técnicas terapéuticas alternativas?

2.6. Establecer qué discurso predomina sobre la salud y la enfermedad al utilizarse aspectos de sistemas médicos diferentes de manera complementaria.

2.7. Comprender la manera en la que el o la paciente percibe la eficacia terapéutica.

> 2.7.1. Entender cómo son percibidas la complementariedad de técnicas venidas de distintos sistemas médicos.

> 2.7.2. Analizar el discurso de los pacientes acerca de la efectividad de la psicoterapia a la que asisten.

3. Concretar la función del dolor a través de la memoria traumática.

3.1. Identificar la función de la memoria dentro del proceso salud - enfermedad.

> 3.1.1. Analizar si la memoria causa enfermedad, sanación, ambas o se trata del proceso terapéutico.

> 3.1.2. Relación de la memoria con lo que se supone comportamientos o procesos mentales patológicos.

3.2. Analizar el efecto que causan las técnicas terapéuticas usadas en la memoria traumática.

> 3.2.1. Esclarecer qué técnicas (si biomédicas u otras) son las usadas para acercarse al trauma y de qué formas.

3.3. Entender los elementos que conforman la resignificación de la memoria traumática.

3.3.1. Establecer la percepción que los pacientes tienen del psicoterapeuta y su relación con la expresión emocional, memorística y aceptación de las técnicas usadas.

3.3.2. Establecer la percepción que los pacientes tienen de las técnicas usadas y su relación con la expresión emocional, memorística y aceptación de las técnicas usadas.

7. Características del campo

Espacio: La consulta como construcción de un ambiente íntimo en el que se expone el dolor/ aflicción sentida.

Duración de la investigación: Sin tener en cuenta los trabajos previos realizados, y solo contando con las técnicas de investigación usadas y enfocadas expresamente para este proyecto, la duración de la investigación ha sido de 3 meses.

7.1. Acceso al campo

Al haber sido paciente de Sergio Peinado Guerrero y tener un vínculo de amistad con él, ha sido fácil el acceso al campo de investigación. Me comuniqué con el psicoterapeuta y le expliqué mi interés en el estudio e investigación de las prácticas terapéuticas usadas por él. Esto era algo que ya habíamos comentado en varias ocasiones, tanto en consulta como tomándonos un café, aunque esta vez, ese mero interés se transformó en una propuesta para este Trabajo de Fin de Grado en Antropología Social y Cultural. Sergio aceptó el proyecto y se puso en contacto con los y las pacientes para preguntarles si les importaría que una chica fuese a sus consultas para investigar el funcionamiento de la eficacia terapéutica recreada en la psicoterapia a la que asisten. A este respecto, ocho personas se animaron y me abrieron el gran universo que supone su intimidad.

7.2. Trabajo de campo anteriormente hecho

Con anterioridad, se ha llevado a cabo un trabajo bibliográfico y ciertas técnicas de trabajo de campo realizadas junto a una compañera del grado: una entrevista y una observación de la Psicoterapia de Sergio Peinado Guerrero. Este trabajo anteriormente realizado corresponde a los trabajos finales de las asignaturas "Métodos y Técnicas de Investigación en Antropología I" (Bermejo. 2021) y "Métodos Técnicas de Investigación en Antropología II" (Henriques y Bermejo. 2021) del grado en Antropología Social y Cultural de la Universidad de Sevilla. Ambos trabajos se centran más en la eficacia terapéutica de la psicoastrología usada en consulta que en la eficacia terapéutica venida de la composición total de la psicoterapia de Sergio Peinado Guerrero como se trata este trabajo. Aun así, conservan elementos que nos pueden ser de utilidad como la entrevista hecha a un paciente de la psicoterapia objeto de estudio acerca de la experiencia sobre la eficacia terapéutica; bibliografía sobre la misma y un marco teórico profundo acerca de salud y "espiritualidad". Estos trabajos realizados junto a una observación hecha expresamente para el Trabajo Fin de Grado se sitúan en el Anexo I.

8. Técnicas y etapas de la investigación

8.1. Técnicas de investigación

Recolección de datos de los pacientes: Con esto me refiero a la recolección de su carta astral (técnica alternativa de gran importancia en la terapia), nombre, edad, sexo, profesión y tiempo en esta psicoterapia.

Seguimiento a los pacientes: Tengo amistad con alguno de los pacientes que se han abierto a que yo pueda estar en su consulta y, por ende, he podido llevar a cabo un seguimiento que me explicite más sobre la eficacia terapéutica de la psicoterapia y la afectación en los pacientes.

Uso de la memoria como texto etnográfico: En este apartado expondré mi propia memoria como texto etnográfico debido al tiempo que he estado en la psicoterapia de Sergio Peinado como paciente, mi conexión con la comunidad de pacientes y la nueva mirada antropológica con la que puedo describir e interpretar mi propia memoria. Mi memoria tendrá algo un poco fuera de lo normativo en escritura académica, se trata de la realización de dibujos expresivos. Esto no solo se presupone como un recurso lingüístico y artístico diferente sino también como una forma de observar científicamente y comprender mejor las situaciones que se nos son dadas. En nuestro caso espiritualidad y salud convergen en una misma temática y objeto de estudio, la sanación que se puede dar en algunas ocasiones está mediada por la magia, es decir, por cosas indefinibles que no comprendemos a explicar. Tal vez una explicación más visual nos ayude a adentrarnos en abstracciones fuera de nuestro alcance en este momento. Este método también es útil para mostrar el proceso imaginativo de las hipnosis. Siempre existe la preocupación de cómo se visualizan en una hipnosis y aquí tenemos la oportunidad de describirlas e interpretarlas a través del dibujo sin crear largas páginas de descripciones imparables. Estos dibujos se harán solo para una hipnosis.

Entrevista: La entrevista ya fue realizada para el proyecto final de Métodos y Técnicas en Antropología II (Henriques y Bermejo. 2021). Esta entrevista se centra en la eficacia terapéutica y la percepción sobre la psicoterapia a la que se asiste, cumpliendo de esta manera, con algunos de los objetivos planteados.

Observación: Como decíamos ocho pacientes me han dejado estar en sus consultas durante un tiempo prolongado, lo que me permitirá observar nuestra unidad de análisis.

8.2. Etapas de la investigación

1. Construcción de armazón (16/12/2021 – 18/05/2022): La primera fase de la investigación ha estado dedicada a estructurar el proyecto ya que, debido a mi interés anterior por la temática, tenía mucho material relacionado con ella y la unidad de análisis, pero no con otros apartados de la investigación como el problema de investigación. Por esta razón, había una necesidad de ordenar todo lo obtenido con anterioridad y enfocar el proyecto presente.

2. Reflexión y extrañamiento (16/12/2021 – 11/07/2022): Como he mencionado en varias ocasiones, ya ha habido trabajos previos, con lo cual, he debido de tener un periodo de reflexión y extrañamiento previo para enfocar el proyecto y la visión hacia el objeto de estudio para tener una visión más concreta.

3. Recolección de materiales (Hecho conforme se ha ido observando): Para elaborar este proyecto ha sido necesario tanto la recolección de materiales sobre previas investigaciones como materiales referentes a las cartas astrales de los y las pacientes, datos sobre el psicoterapeuta y datos sobre los y las pacientes (nombre, edad, sexogénero, profesión, tiempo en terapia). También se incluye está en este apartado la recolección de mi memoria como paciente de la psicoterapia.

4. Observación (03/04/2022 – 05/05/2022): La observación en consulta es la técnica de investigación más importante de este proyecto y, por el tiempo que conlleva, la he determinado como una fase. En esta fase se halla también una parte de recolección de datos y el proceso de redacción en el cuaderno de campo y diario de campo.

5. Análisis y redacción de la etnografía final (10/05/2022 – 15/07/2022). Como última fase estaría el análisis de los materiales y la composición final del Trabajo de Fin de Grado junto a la elaboración de los dibujos para una hipnosis que aparecen cuando expreso mi memoria como paciente. La elaboración de la etnografía está inspirada en la Obra de Dante Alighieri "La Divina Comedia" debido a que es una alegoría usada frecuentemente en terapia que se adapta a la perfección al recorrido etnográfico aportando una dimensión más de significado. Cada apartado de la etnografía está ilustrado con grabados que Gustave Doré hizo en el siglo XIX para una de las ediciones de "La Divina Comedia".

Anticipación de roles: He sido presentada en la consulta como investigadora y antigua paciente que quiere realizar un Trabajo de Fin de Grado sobre formas de curación de la psicoterapia a la que asisten.

Problemas en la investigación: El principal problema que encuentro al llevar a cabo la investigación es lo complicado que resulta tratar la convergencia entre espiritualidad y salud debido a la cantidad de estereotipos y prejuicios que hay en ello. No existen muchos proyectos o manuscritos ya realizados que se centren en la eficacia terapéutica en tratamientos alternativos a lo institucional. Esto conlleva que sea difícil observar con lejanía y extrañamiento al problema de investigación que nos acontece dentro de esta psicoterapia. Aparte de esta cuestión epistemológica, también me he encontrado con otro tipo de problemas a lo largo de la investigación. En primer lugar, por temas de distancia y de que muchos pacientes con los que estuve realizaban la psicoterapia online, no pude asistir de manera presencial a la consulta, convirtiéndome esto en una observadora de un plano concreto respecto a las personas

involucradas – solo veía primer plano de los pacientes y el psicoterapeuta o un plano western de solo el paciente –. Algo bueno a destacar
de este problema es que al no verme las y los pacientes físicamente dentro de la consulta ha disminuido el condicionante que puede suponer
ver a una persona ajena a ti escuchar tu intimidad; aunque esto online
también ha ocurrido. Hubo una paciente que evitaba hablar de ciertos
temas debido a que yo estaba presente y tuve que dejar de asistir a su
consulta. Otro problema es el lazo relacional que tengo con la psicoterapia en la que se centra el proyecto. Eso podría llevarme tanto a no
atender ciertas evidencias antropológicas como a un colapso propio al
descomponer, teórica y emocionalmente, una práctica sobre la que he
construido parte de mi vida.

9. Representatividad de los sujetos

Criterios de selección: Dado que este trabajo constituye una primera aproximación al campo de estudio el único criterio que se ha usado para seleccionar a los sujetos participantes en la investigación sea el asistir o haber asistido como pacientes a la psicoterapia de Sergio Peinado Guerrero. Para la entrevista se ha seguido un criterio de alta afinidad y fácil acceso, además de necesitar que sea una persona que llevase años en la psicoterapia para que tuviese más conocimiento al respecto que aportarnos. En el caso del seguimiento necesitaba lo contrario; una persona accesible, afín y que llevase poco tiempo en la psicoterapia de Sergio para poder observar los cambios que ella iba experimentando.

	Mujeres	Hombres	**Total**	Edad en años
Observación	5	2	7	24 - 48
Entrevista		1	1	22
Memoria	1		1	22
Seguimiento	1		1	24
Sujetos implicados en toda la investigación	3	6	9	22 - 48

Número total de pacientes que han participado en la investigación son 9 entre los 22 y 48 años. Con dolencias distintas y concretas. El tiempo en terapia es diferente en todos los pacientes y varía desde 1 semana hasta los 7 años en consulta. La persona a la que se le hizo un seguimiento era quien menos tiempo llevaba en terapia, de esta manera, pude observar mejor los resultados que las técnicas terapéuticas iban generando en ella. Las personas participantes se dedicaban a distintas cosas – profesionales de la salud, ingenieros, estudiantes, amas de casa – y pertenecían a diversas clases sociales, algo que se ve reflejado en la flexibilidad habida en las formas de pago y en la diversidad relacional.

10. Etnografía

10.1. La selva oscura:
El encuentro con la psicoterapia de Sergio Peinado Guerrero
y la eficacia terapéutica

"En medio del camino de la vida
me vi perdido en una selva oscura,
la buena senda errada y la andadura,
cuando el alma vagaba adormecida.
Largo fuera contar, que no se olvida,
cómo era aquel lugar de desventura
y es sólo recordar tanta amargura,
y la mente quedar despavorida".

Canto I

No sabemos cómo ni por qué, pero a veces y de repente como narra Dante Alighieri al inicio de la "Divina Comedia", nuestra vida puede convertirse en una selva negra en la que la senda de sentido es oscurecida por las altas y enormes copas de los árboles. En esa oscuridad y con una firme lumbre que lleva hasta su encuentro hallamos a Sergio Peinado Guerrero quien, como Virgilio, a través de su psicoterapia tratará de guiar a aquellas almas que se sienten perdidas en la oscura selva.

Sergio Peinado Guerrero es un hombre de unos 45 años[3] psicoterapeuta y *coach* personal que atiende a sus pacientes en su propia casa – Córdoba – donde tiene un pequeño despacho; el lugar determinado como consulta. Sergio siempre abre la puerta con una afable sonrisa y una mirada de cariño vista tras los cristales de sus gafas. Un dato curioso sobre él es que no sabe conjuntar la ropa, mejor dicho, le da exactamente igual lo que lleva puesto mientras vaya vestido. Acerca de ello tiene una anécdota graciosa en la que cuenta cómo su padre se echó las manos a la cabeza tras verlo salir a jugar al fútbol con unos pantalones cortos de deporte que nada tenían que ver con una camiseta publicitaria de Chanel con lentejuelas y unas chanclas. Hace unos cuantos inviernos, cuando yo iba a su psicoterapia, llevaba una de sus botas con parte de la suela derretida porque acercaba mucho los pies a la estufa mientras trabajaba con nosotros – sus pacientes – en consulta; con esas botas estuvo una larga temporada. No viste con jersey de cuello vuelto y pantalones chinos beige, bata blanca o blusas de estampados multiculturales, sino que mezcla elementos según se sienta más cómodo; su vestimenta tal y como su psicoterapia podríamos decir que es totalmente sincrética.

Como decíamos, aparte de la fusión entre pantalones cortos deportivos y camiseta de Chanel nº 5, encontramos en Sergio un *sincretismo terapéutico* que caracteriza su psicoterapia. Este profesional de la salud

---

[3] Pongo de unos 45 años debido a que no me quiere decir su edad. Es una persona a la que le gusta mucho el humor y sobre todo bromearme, por esta razón, afirma "que su edad es un misterio".

fusiona técnicas terapéuticas biomédicas propias de una psicoterapia[4] con otras técnicas terapéuticas alternativas como el uso de la carta astral o las regresiones a vidas pasadas. Dicho sincretismo tiene un objetivo claro que es el atender y sanar la patología existente en los pacientes, la cual, trata de cualquier malestar psíquico o conductual que no necesite la especialización del psicoterapeuta; Sergio no podría atender a una persona con un Trastorno de la Conducta Alimentaria de manera íntegra ya que necesita una atención más específica que pueda entender otros aspectos de ese dolor que él no llega a comprender y poder tratar. A la "psicopatología" o dolor experimentado más allá de lo visible y orgánico – como una herida – se le establece en esta psicoterapia un origen en un pasado traumático ya sea perteneciente a esta vida o a otras vidas pasadas. De esta manera, con la convergencia de sus técnicas intenta disminuir el dolor de la memoria traumática y ofrecer herramientas para sobrellevarla a lo largo de nuestro viaje vital.

Tras abrir la puerta y ofrecerte un té Sergio, con su lumbre, te guía hacia su consulta decorada con dibujos de pacientes, un sofá, una silla y un escritorio apartado a un lado para que nada se inmiscuya entre el psicoterapeuta y la persona psicoterapeutizada, además de una pequeña fuente de sonido relajante y una mesita de té con una pequeña tetera y vasos. Una vez ahí, sentado en su silla y tú en el sofá, te preguntará por la hora, día, mes, año y lugar de tu nacimiento para poder hacerte la carta astral a través del ordenador. Una vez hecha, esta se vuelve un reflejo de ti, el cual, genera algo nuevo dentro de aquella selva oscura que se volvió tu estar en el mundo. Este nuevo elemento, siguiendo a Dante, es la puerta al infierno que curiosamente se ve iluminada con nuestra propia luz ¿Será esta la puerta a nuestro infierno personal? Sergio se ofrece como guía y nos invita a pasar porque, según su psicoterapia, es necesario morir y descender a los infiernos – donde están los enclaves de nuestra memoria – para, como ave fénix, renacer de nuestras cenizas y

---

[4] Como el uso del manual de diagnóstico DSM – 5, la escucha activa o la terapia conversacional.

surcar los cielos paradisiacos. Una vez aquí, nosotros decidimos si seguir en aquella selva oscura rodeadas de fieras y escondidas bajo un lecho de enormes hojas que no nos protegen de nuestro malestar; o la otra opción sería abrazar ese malestar, coger la mano de Sergio, abrir la puerta y dejarnos caer hasta lo más hondo del averno para con posterioridad escalar duramente y en solitud todo lo descendido.

El primer encuentro con Sergio y la puerta a nuestro infierno personal es gratuito, de hecho, en mi caso recuerdo que le pregunté cuánto le debía y me dijo que nada, lo único que tenía que hacer era ayudar a otra persona con lo aprendido hoy y ya estaría; acepté encantada. A partir de este encuentro decides si seguir la psicoterapia emprendida o no. Las personas que decidimos seguir, por norma general, no creíamos en cartas astrales o regresiones a vidas pasadas, aunque podíamos sentir curiosidad o saber algo más, la norma que sigue a las pacientes participantes en la investigación es la de "no creer" en estas cosas y solo verse *afectadas* por ella en la psicoterapia a través del vínculo que se forma con Sergio. Cuando se produce esta interacción entre Sergio y la persona doliente, durante la primera consulta se da con una especie de "clave" que en breve descifra el dolor de la persona doliente. Este "dar con la clave" es producido con la lectura de la carta astral o con la relación cercana y horizontal que se muestra cuando tomas contacto con Sergio. Por ejemplo, al entrevistado en esta investigación le atrajo la cercanía amistosa que mostraba el psicoterapeuta y a mí me llamó la atención cuando me leyó por primera vez la carta astral ya que dio con un dolor que nunca había expresado a nadie. Independientemente de que te hayas sentido atraída o atraído por algunos de estos elementos que se presentan en la primera consulta con el psicoterapeuta, lo que queda claro es que la relación de cercanía que desde ese momento comienza a forjarse genera una especie de velo traslucido que hace menos evidente la verticalidad de la relación propuesta por la base en la que se construye; él es el psicoterapeuta y tú la persona psicoterapeutizada; él es el guía y tú la persona guiada. De alguna manera, al no existir una barrera que identifique rápidamente quién es quién en esta relación, se produce un acercamiento al dolor que además termina por ser compartido por el psicoterapeuta. Él no sólo guía por el infierno, sino que va narrando sus experiencias allí vividas debido a que él también ha estado en tu lugar. Esto claramente aumenta el grado de afinidad y empatía con tu propio dolor, además de alejarse de la jerarquía que ya supone ir a una psicoterapia o pedir ayuda; ayudador - ayudado. En las consultas de Sergio en ocasiones me sentía tan en confianza que tomaba todo tipo de poses en el sofá – piernas arriba, torso torcido, piernas inquietas… etc. – era tal la confianza y relajación que sentía allí que más de una vez me entró sueño. Entre bostezos seguía las horas de consulta que, como he vivido y observado en otros pacientes, son totalmente inexactas van desde 1 hora hasta las 2 horas y 40 minutos. Sergio atiende el dolor de una manera flexible a no ser que alguien tenga cita con él después de ti, entonces si debes irte a una hora exacta – aunque esto en ocasiones se complica y la persona siguiente espera en el salón de su casa –.

Esta flexibilidad también puede apreciarse en el pago monetario que habría que hacerle al psicoterapeuta tras la consulta. La primera sesión, como hemos comentado, es gratuita y las siguientes costarían 40 €, pero si no puedes asumir el precio, la tarifa se adapta para que puedas pagarla; en vez de ser 40 € cada sesión puedes pagar 35 €, 30 €…etc. El pago se hace después de la consulta y puede realizarse tanto en físico como por transferencia. El pago a posteriori hace que, si por algún motivo no puedes asistir, no tengas que pagar la cita a la que no has acudido como ocurre en otras muchas psicoterapias. La facilidad y flexibilidad para el pago facilitan la creación del vínculo y el afecto terapéutico, pero ¿Son estos elementos generadores de afecto eficaces terapéuticamente? ¿Son este tipo de psicoterapias sincréticas realmente eficaces? La eficacia terapéutica es uno de los fundamentos en que se basa cualquiera de los sistemas médicos o tratamientos dirigidos a la curación/sanación (Blázquez et al. 2020), en este caso, para abordar la eficacia terapéutica, voy a partir de tres elementos objetivables que definen a cualquier terapia que los contenga como eficaz: Tener una estructura y orígenes precisos que conceptualizan la enfermedad, las formas de atención y salud;

llevar a cabo una acción terapéutica intencionada y un fin determinado, es decir, buscar a través de sus métodos la curación/sanación de la enfermedad que aguarda el o la paciente quien además experimenta la eficacia. Esto último se relaciona con el tercer aspecto que tiene que ver con la existencia de una comunidad de pacientes que viven la afectación intencional de los tratamientos y han obtenido el resultado esperado –sanación/ curación –. Al proponer estos elementos como definitorios de una terapia eficaz terapéuticamente, evitamos someter a la eficacia o no eficacia de la práctica terapéutica a la lógica medicinal de quien investiga o de quienes futuramente lean el fruto del análisis. Como señala Young *"Las creencias y prácticas médicas de un pueblo persisten porque responden a imperativos instrumentales y morales, y son empíricamente efectivas. Esto no es lo mismo que decir que son efectivos desde el punto de vista de las nociones médicas occidentales o que siempre dan los resultados que la gente espera. La eficacia empírica de estas prácticas tiene importantes consecuencias ontológicas, ya que permite que los episodios de enfermedad comuniquen y confirmen ideas sobre el mundo real"* (Young. 1976, p 5).

La durabilidad de los tratamientos se debe a que responden a realidades concretas que vivimos las comprendamos o no. En términos de eficacia terapéutica cuando esta se da desde aspectos alternativos o desconocidos, tal vez esté haciendo alusión a enclaves de la realidad que no comprendemos o a aspectos de nuestra salud que no conocemos, pero que se manifiestan en nuestras maneras de estar en el mundo. En mi caso, muchas veces me venía la duda ¿Y si este método no es efectivo? ¿Y si esta curación no es real? Este cuestionamiento hablaba más de mis inseguridades personales alimentadas por el mundo exterior que de lo que realmente me hacía experimentar la psicoterapia porque yo notaba la sanación, pero dudaba de ella. Sobre este aspecto, el entrevistado dice que la estafa, el fraude o la duda puede darse con cualquier profesional médico use las técnicas que use, él se queda con su intuición y seguridad al respecto ya que esta forma de psicoterapia le transmite confianza, le va bien y ayuda. Y en cierta manera tiene razón, es verdad que existen terapias más eficaces para unos aspectos de la enfermedad que para otros, pero la estafa, el fraude o la no sanación/ curación puede venir desde un biomédico cirujano que puso mal la prótesis que necesitabas – o que te puso una prótesis que no necesitabas – hasta un neochamán que recrea sus prácticas para sanarte/ curarte y no te afectan. Existe un torbellino de duda sobre la eficacia terapéutica que envuelve y designa como peligrosas ciertas prácticas o tratamientos que no tienen por qué serlo. Como en el vestíbulo del infierno de la Divina Comedia, ante un contexto que no contribuye al esclarecimiento sobre la eficacia terapéutica de terapias alternativas, muchos ángeles dolientes quedan aquí al no decidirse entre los tratamientos médicos hegemónicos o los alternativos, estableciéndose de forma eterna dolor y la indiferencia. En otros casos, como indica Dante esos ángeles son castigados con *la ley del contrapaso por antítesis*[5] y a través del torbellino de la duda se agarran fuertemente a una de las banderas que designan a las dos prácticas de la salud diferenciadas en este documento, cerciorándose de toda crítica[6].

[5] La ley del contrapaso trata de una forma de castigo que puede ser por analogía – el castigo es semejante al pecado o por antítesis – el castigo es lo contrario al pecado –. En analogía quien peca por borracho, le harían beber hasta reventar y por antítesis no probaría una gota de alcohol en toda una eternidad.

[6] Personas que piensan que solo las medicinas alternativas son las realmente sanadoras y ponen en riesgo su salud por ello y, de la misma manera, personas que únicamente tienen como verdad médica la biomedicina poniendo en riesgo su salud.

10.2. Río Aqueronte:
Contexto socio – histórico de las técnicas terapéuticas usadas

   Antes de llegar a la ciudad doliente pasando la puerta del averno, debemos detenernos en el vestíbulo de la etnografía, donde expondremos el desarrollo del contexto socio – histórico de las técnicas terapéuticas dadas en la psicoterapia de Sergio Peinado Guerreo para entender cómo y por qué aparecen estas nuevas formas de salud no institucional, entendiendo así su origen y funcionalidad mediante el análisis diacrónico. Este análisis es guiado por el Río Aqueronte en el que, según la Divina Comedia, se encuentran aquellos afligidos que reniegan de sus antepasados algo muy acorde al contexto en el que se encuentra la psicoterapia de Sergio Peinado Guerrero.

Como explica Hanegraaff (2021) lo "mágico"[7] o "esotérico" siempre ha tenido una tradición clara que partía de las diversas cosmovisiones occidentales. A través de los procesos socio – históricos las cosmovisiones se fueron transformando, renegando poco a poco y de manera discursiva de sus aspectos mágicos. Fue a finales de la Edad Media cuando comenzó a llamarse "magia naturalis" a fenómenos maravillosos acusados de demoniacos que tenían origen en la naturaleza. Se trataba de "cualidades ocultas" que se encontraban en las fuerzas de la naturaleza y que no tenían justificación alguna para las poblaciones de los alrededores. Este pensamiento sobre lo oculto, esotérico y lo que actualmente llamamos pseudocientífico, tomó plena presencia con el siglo de las luces – XVIII –; la razón, lo empírico y la ciencia eran luz, en cambio, los demás aspectos inciertos de la vida se convirtieron en oscuridad y perduraron en lo oculto. En el siglo XIX y principios del XX lo "mágico" se fue organizando en sociedades ocultistas, como ocurría con las corrientes de la Teosofía o la Antroposofía, en las que elites intelectuales investigaban sobre estados más allá de la razón[8]. Este lado oculto de la vida es algo que impregnará la esencia de la ciencia psicológica, aunque este aspecto oculto será suprimido por el valor científico que le otorgará su situación contextual del siglo XIX, aunque con posterioridad, será retomado por corrientes como la Psicología Transpersonal.

El desarrollo biomédico se vuelve arrollador en el siglo XIX y principios del XX volviéndose luz terapéutica al convertirse en la respuesta de los debates históricos con obras como la de Charles Darwin o Ramón y Cajal - ¿De dónde viene el ser humano? ¿Cómo funciona nuestro cuerpo? –. La biomedicina se institucionaliza y comienza a aprenderse en universidades, profesionalizarse y con posterioridad se edificarán hospitales biomédicos. Siguiendo el proceso industrial y el desarrollo

---

[7] Para este trabajo suponemos magia como aspecto simbólico que no aguarda una relación evidente entre causa y efecto de la práctica, técnica o tratamiento médico.

[8] Como ocurrió con la pintora pionera de la abstracción Hilma Af Klint quien creaba muchas de sus obras mediante técnicas espiritistas y teosóficas en las que intentaba comunicarse con la otredad.

de la profesionalización y el trabajo la institución médica donde predomina la biomedicina se engrandece y, al igual que otros aspectos de la vida dentro del desarrollo sociocultural producido durante estos años en occidente, el sistema biomédico predominante comenzará a acaparar saberes populares sobre la salud otorgándoles ese sentido de ciencia y trabajo. En 1960 comienza a emerger la corriente "espiritual" conocida como New Age, Nueva Era o Era de Acuario de la que ya hemos hablado en el marco teórico y que como establecen Blázquez y Cornejo mediante la premisa del "crecimiento personal" y la superación generan un "giro terapéutico" (Cornejo, Martín – Andino et al. 2019, p 4) de las prácticas espirituales que forma parte de una crítica a la desarticulación de las religiones de libro y a la mencionada absorción de saberes sobre la salud por parte de la biomedicina (Cornejo y Blázquez. 2013, p 2), aunque Hanegraaff (2021) también indicará que esta nueva corriente "esotérica" no solo es una crítica sino una consecuencia de la globalización del mercado capitalista que abre un "mercado espiritual". A pesar de las características en común que pueda tener con nuestra psicoterapia la categoría "Nueva Era" no es suficiente (Marabini. 2013) para definir a la terapéutica alternativa de Sergio Peinado Guerrero ya que "Nueva Era" supone más un cajón de sastre espiritual y mercantil en las que no se encuentran todas las formas de sanación/ curación alternativas.

La categoría que sí se acerca más y en la que indudablemente se inserta la psicoterapia de Sergio Peinado es en la Psicología Transpersonal, una corriente psicológica influenciada por las espiritualidades Nueva Era y que retoma los aspectos "ocultos" de la mente humana bebiendo de técnicas terapéuticas anteriores, pero readaptadas como ocurre con el mesmerismo. Conforme a la práctica nombrada, para llevar a cabo la terapéutica del mesmerimo, se inducía a las personas dolientes hasta el trance absoluto para quitar la obturación del líquido invisible que supuestamente cubre todos los cuerpos y de esa manera sanar/ curar a la persona. De esta práctica viene la idea del inconsciente psicológico y la futura hipnosis clínica – usada también en psicoterapias convencionales – y las regresiones a vidas pasadas.

Siguiendo con la Psicología Transpersonal ésta es influenciada por los estudios previos de Carl Gustav Jung, un médico psiquiatra estudioso del psicoanálisis que se desvió de esta última rama para crear la "Psicología Analítica" o "Psicología Profunda" – 1913 – a partir de la cual estableció que para la sanación/ curación son importantes las tradiciones "mágicas" y sobre todo los factores oníricos. Fue un interesado por la hipnosis, pero finalmente la descartó como técnica al entender que había otros métodos más efectivos dentro del psicoanálisis para entender las manifestaciones del inconsciente. Aun así, este método es rescatado por la Psicología Transpersonal.

La Psicología Transpersonal es una rama de la psicología que comienza a formarse a principios del siglo XX, pero que toma mayor fuerza en 1960 con las influencias "Nueva Era". Esta psicología trata de ir "más allá de lo personal", un objetivo promovido por los estudios sobre las experiencias religiosas. Uno de sus autores más importantes es Stanislav Grof autor de "La mente Holotrópica: Los niveles de la conciencia humana" donde explica esos estados de conciencia a través de lo vivido en consulta con los pacientes. Algunos de estos autores, aunque no todos, como por ejemplo Grof usaban drogas de efectos psicotrópicos – LSD, DMT… etc. – con pacientes para llevarlos a estados alterados de conciencia que los sanasen/ curasen e igualar estos estados hipnóticos psicotrópicos dados en consulta a los estados de las y los místicos llevados a través de sustancias enteógenas – significa Dios adentro –. Otros autores famosos de esta rama serían Wilber Ken, Claudio Naranjo, Antonio Blay y Elizabeth Kübler Ross[9]. Estos dos últimos podemos encuadrarlos aquí, pero ellos nunca se identificaron de forma verbal o escrita con esta corriente. Kübler Ross y Blay serán los autores predominantes en la psicoterapia de Sergio Pcinado.

---

[9] Aunque muchos autores pertenecientes a esta rama de la Psicología usasen sustancias enteógenas, había autores que no las usaban y estos son algunos ejemplos de ellas y ellos.

Sergio mientras estás bajo su tratamiento te manda a leer o escuchar las lecciones de autorrealización de Antonio Blay, además de mandarte a leer textos de Elisabeth Kübler – Ross u otras autoras o autores anónimos. Aparte de las lecturas, las hipnosis y regresiones – estas últimas no tienen por qué ser efectuadas –, es de vital importancia en su psicoterapia el uso de la Psicoastrolgía mediante la que significa muchos de los procesos sobre el dolor que tienen las y los pacientes. Antes de profundizar en el término Psicoastrología primero debemos detenernos en el término Astrología. La Astrología es la obtención de conocimiento a raíz de la observación del cielo, es decir, la obtención de distintos tipos de información según la posición de los astros en momentos determinados. La Astrología ha significado el mundo occidental desde la Edad Antigua es un conocimiento ancestral que se ha ido transformando con el paso del tiempo. En la actualidad, existen distintas perspectivas con las que observar el cielo y significarlo, de establecer una relación entre las personas y el cosmos, como por ejemplo la Astrología Clásica[10] o la Astrología Humanística[11]. Nosotras nos vamos a centrar en una de las actuales y más novedosas variantes de la Astrología, la Psicoastrología, que se diferencia de las demás al hallarse en el contexto específico de terapia y en el uso sanador/ curativo de la carta astral.

La Psicoastrología trata del estudio de las conductas y procesos mentales del individuo según la observación del cielo existente en el día, hora y lugar en el que se nace. Este cielo es representado mediante un esquema, lo que se llamaría carta astral o carta natal. Dicho esquema

---

[10] Este tipo de Astrología trata de crear una relación entre la persona y el cosmos usando a este último de manera adivinatoria para entender el destino de la persona en cuestión. Proviene del período griego helenístico.

[11] Se confunde en ocasiones con la Psicoastrología ya que es definida por astrólogos como José Millán como "una reformulación de la astrología en términos de realidades psicológicas". Pero esta no se usa en terapia como sí se usa la Psicoastrología. Su objetivo es entrever realidades psicológicas a un nivel más amplio en el sentido de espíritu colectivo. También es usada para predecir eventos que incumben a sectores poblacionales concretos.

divide el cielo en 12 casas relacionadas con los 12 signos zodiacales en las que se verán posicionados los planetas, satélites y asteroides que tengan un significado para la Astrología. Esto último quiere decir que los preceptos de la Astrología no son los mismos que los de la Astronomía y esto se puede ejemplificar con la polémica de la constelación de Ofiuco y el planeta Plutón. Ofiuco es una constelación hallada entre Sagitario y Escorpio que no representa un signo del zodiaco, con lo cual, no tiene significado para la Astrología, en cambio, como constelación que es, tiene significado para la Astronomía. Conforme a Plutón, este dejó de ser considerado planeta por la Astronomía en 2006, pero para la Astrología seguía y sigue siendo un planeta con todo su significado pertinente. La Psicoastrología tiene una gran influencia de las corrientes astrológicas de la Edad Antigua y el Renacimiento europeo ya que son los periodos históricos en los que se generan estudios sobre la Metaposcopia[12] – o Metapomancia – y la quiromancia[13]. Como podemos se puede observar en las representaciones de la Metaposcopia, quiromancia y la carta astral, todas albergan relación simbólica estando dicha relación presentada a través de líneas – líneas de expresión, de manos o líneas puras de gráfico –que unen signos comunes.

El río Aqueronte nos enseña que a lo largo de la historia y los procesos sociales no solo ha habido una forma de hacer una terapéutica efectiva como en ocasiones se ha considerado. La terapéutica tiene un pasado más profundo y diverso del que no podemos renegar ni sustituir enteramente por la biomedicina por lo empírico y objetivo que se supone a la ciencia; renegar de nuestros antepasados solo produce que naveguemos afligidos en un río de desentendimiento que a muchas personas en estos casos les cuesta la salud. A través de este capítulo podemos entender que a lo largo del siglo XIX y del XX ha habido un

---

[12] Se trata de una forma de adivinación por medio de las líneas de la cara, líneas que están relacionadas directamente con los astros designados por la astrología.

[13] Se trata de una forma de adivinación por medio de las líneas de la mano, líneas que están directamente relacionadas con los astros designados por la astrología.

gran interés por entender la "disease" de la enfermedad, pero a cambio, las prácticas que comprendían de manera más eficaz otras dimensiones de la enfermedad han sido renegadas a lo oculto en pos de ajustar los procesos de enfermedad/ salud/ atención a la rápida transformación de valores que estaba sufriendo las sociedades europeas en esos siglos. Aun así esto no ha producido su desaparición sino que han ido transformándose con el paso del tiempo ajustándose al contexto y valores actuales con terapias como la psicoterapia de Sergio Peinado Guerrero o en otro tipo de corrientes como es el caso de la hipnosis y la Psicoastrología.

10.3. El Averno y la montaña:
Eficacia terapéutica de la psicoterapia de Sergio Peinado

En la verdadera historia de la "Divina Comedia" Dante se desmaya tras una manifestación divina frente al barquero Caronte, despertándose ya en uno de los círculos de la ciudad doliente – el averno –. Dichos círculos hundidos, en nuestra etnografía mostrarán los niveles de dolor a los que nos tenemos que enfrentar junto a nuestro Virgilio – Sergio –, llegando finalmente, a la montaña del purgatorio. Nuestro guía con sus técnicas nos ayudará a bajar y a enfrentarnos a nuestras dificultades y una vez llegados a la montaña nos tocará, junto a las herramientas otorgadas en el camino, subir en solitud hasta el paraíso terrenal que con anterioridad más que un paraíso para nosotras y nosotros fue una selva oscura de pérdida y ansia.

Una vez en la consulta sentada con mi pierna inquieta y la mirada centrada en los posters colgados y en la estantería llena de libros sobre psicología y bienestar, Sergio pregunta: – *¿Qué tal? ¿Cómo has estado? ¿Ha pasado algo durante estos días?* – Este es el inicio de todas las consultas; se empieza con una conversación que poco a poco se irá adentrando en el malestar que te ha hecho pedir ayuda y acceder a esta consulta. Hay personas que responden de manera clara a estas preguntas y otras a las que les cuesta más expresarse o que realmente no tienen clara su pérdida en la selva oscura, pero para ambas, Sergio tiene la misma estrategia de encauzamiento de la conversación hasta llegar a aquello que les aflige. El psicoterapeuta escucha atentamente tu respuesta para después sacar tu carta astral o natal y explicarte los tramos vitales por los que estás pasando según los astros o hablarte de tus características según tu carta astral, es decir, enseñarte el por qué te has sentido afligida o afligido en esa situación que comentas. Estos aspectos de las cartas astrales o natales se llaman "arquetipos astrales" serán asociados con el término psicológicos "personajes" que indica nuestro comportamiento prototípico en ciertas situaciones[14]. Una de las pacientes tras Sergio preguntarle por cómo se encontraba, le respondió hablando de su entorno familiar, el cual, era asfixiante para ella. A esto, el psicoterapeuta le respondió con la carta astral de la paciente haciéndole ver que tiene la luna en la casa 12 y eso implica "una madre inalcanzable como una estrella". También le comentó que está pasando por un tránsito de Neptuno sobre su sol en piscis

---

[14] Todos los arquetipos astrales a excepción del sol que es tu esencian hablan de tus personajes, de cómo has aprendido a reaccionar en ciertas situaciones, pero que no son tú.

lo que implica una absorción de su esencia, a lo que ella respondió, que se sentía muy cansada y sin fuerzas para hacer las cosas que quiere o necesita. Sobre el vínculo materno Sergio le comentó que ciertos tránsitos planetarios estaban produciendo una liberación de este vínculo alejado y asfixiante a lo que la paciente dijo que no sentía esa liberación que comentaba y siguieron hablando de otros aspectos.

La carta astral o natal sirve dentro de la psicoterapia – acierte o no – para conducir poco a poco al psicoterapeuta y a la paciente al epicentro del dolor. A través de ella empieza una negociación entre el psicoterapeuta y la paciente mediada por la carta astral en la que se busca el mejor camino para examinar el dolor. La carta astral y en sí la Psicoastrología, al igual que las "oraciones religiosas", producen actividad metacognitiva (Luhrmann. 2018). La metacognición es un concepto neuropsicológico que hace referencia al conocimiento de uno mismo acerca de sus propios procesos mentales siendo consciente de las habilidades que se poseen para llevar a cabo una tarea. La carta astral en la psicoterapia no solo es una técnica que te encamina hacia el dolor sufrido a través de la negociación de significados entre el psicoterapeuta y la paciente, sino que potencia con su uso la actividad metacognitiva haciéndote pensar sobre ti misma, tus posibles situaciones y actuaciones, trabajando de esta manera, la dimensión *illness* de la enfermedad aportando términos para reconocer y concretar el malestar que se siente, además de poder comunicarlo ejerciendo peso en la dimensión *sickness* de la enfermedad. En el contexto donde se enmarca la psicoterapia, decir que tu malestar se debe a cierta posición de los astros en el sistema solar puede que no sea lo más efectivo para comunicar el dolor y que se produzca el reconocimiento del malestar o enfermedad. La clave en estos casos de la Psico – astrología es que, mediante ella, se produce una facilidad para negociar el dolor y verlo desde otra perspectiva que te haga manejarlo mejor, además de que estos términos astrológicos después son traducidos mediante conceptos psicológicos como "personajes", "arquetipos", malestares con nombre o sucesos concretos de la realidad que se hace más fácil de comunicar. Estos objetivos que persigue la técnica terapéutica de la carta astral son observados en todas y todos los pacientes implicados. Hubo un caso extremo de un paciente muy impulsivo al que le costaba mucho entenderse y expresarse. Para curarlo/ sanarlo de mejor manera primero Sergio y él entablaban conversaciones acerca de esos impulsos y la dificultad de dormir y relajarse. A partir de este punto, el psicoterapeuta le comenta a través de algo tan lógico como el principio de Arquímedes[15] que no debe exigirse a la hora de relajarse o hacer ejercicios de centramiento[16], no pasa nada si no lo consigue. A partir de un punto más relajado le expone su carta astral, la cual, según el psicoterapeuta mostraba su forma de estar en el mundo "tan desconectada" al encontrarse su sol entre dos signos, también comentaba debido a la gran influencia del signo sagitario en su carta, tenía tendencias de huida y, lo más importante que, al tener el sol en la casa 7, tenía un grandísimo miedo a encontrarse solo sin pareja. Dicho esto, el paciente comenzó a mostrar signos visuales de gran nerviosismo incluso tragando saliva. Algo importante que añadir sería que este paciente no creía en la carta astral ni había tenido relación con ella, solo a través de la amistad que previa a la psicoterapia mantenía con el psicoterapeuta, pero en cambio se vio afectado por este tipo de técnica alternativa.

Esta comprensión alternativa de la enfermedad que favorece la actividad metacognitiva y reconoce los diversos malestares que una persona puede tener, no solo se da mediante la carta astral y su Psicoastrología, también se utilizan otras concepciones alternativas. En esta comprensión distinta se trata de pensar que ciertos malestares y comportamientos se

---

[15] El principio de Arquímedes hace referencia a que todo cuerpo sumergido en un fluido tiene una fuerza de empuje ascendente equivalente al peso del fluido desalojado por el cuerpo. Lo que Sergio quiso decir con esto es que cada uno siente y visualiza diferente que no se preocupe si relajarse le lleva más tiempo, es normal.

[16] Hay varios ejercicios de centramiento; el que propone Antonio Blay en su curso de autorrealización (Blay. 1992) y otro parecido en el que, cuando sientes algo intensamente, debes sentirlo, pero seguir realizando la actividad en la que estás en ese mismo momento, de esta manera, esa emoción o sentimiento repentino y sin razón va perdiendo intensidad con el tiempo y el ejercicio.

dan por ataques de "entes" o "energías" a nuestra "aura" que nos llegan a producir actos impulsivos que no son propios de nosotros, pensamientos muy negativos o incluso heridas físicas como fue mi caso. En mi tiempo en la psicoterapia de Sergio Peinado Guerrero, yo tenía sobre todo problemas a la hora de poner límites a las personas y era algo que poco a poco estábamos trabajando mediante carta astral, lecturas, audios de relajación e introspección…etc. Pero llegó un momento en el que no entendí por qué, pero comenzaron a salirme cardenales en las piernas y pies.

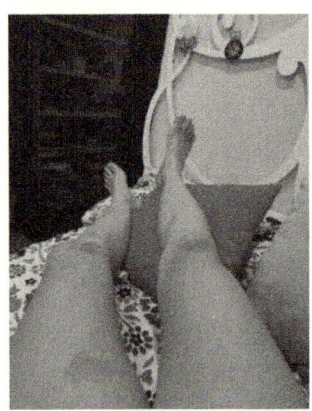 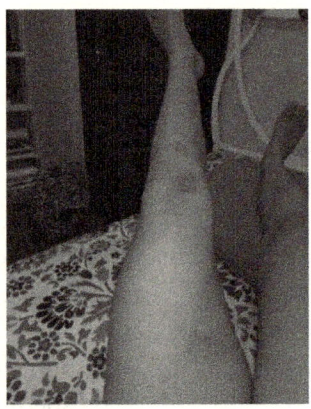

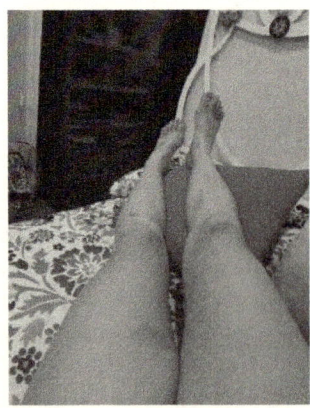

Unos cardenales que a veces eran grandes y en ocasiones aparecían unos pequeñitos en secuencia, uno detrás del otro. En ese tiempo, me encontraba mal anímicamente, necesitaba dormir mucho, sentía bastante estrés al relacionarme con el resto de personas y además no encontraba razón a que me salieran aquellos cardenales, pero Sergio podría decirse que la encontró: – *"Eso es porque debes aprender a decir que no, Paula, todos tenemos un ángel de la guarda que a veces deja que ciertas energías nos hagan daño para que aprendamos y crezcamos como personas"* – Me recomendó que cuando me sintiese incómoda en las noches dijese *"No"* al posible *"aquello"* que me estaba haciendo daño. Y así lo hice, durante algunas noches y un poco avergonzada estuve poniendo límites diciendo *"No"*. Pasando los días estos cardenales mejoraron y en el final del proceso de mejora tuve un sueño horrible. En el sueño, estaba en un lugar iluminado jugando y cuidando a un pollo de gallina que de repente desapareció y con él todo paisaje que me rodeaba apareciendo en mi cuarto donde dormía en ese momento. Era de noche y todo estaba oscuro e inmediatamente fui a encender la luz, pero por mucho que lo intentaba el interruptor no hacía nada. En ese momento miré al lado más oscuro de mi habitación junto a la puerta y me enfrenté a la oscuridad diciendo algo como – *"¡No! Ya está bien ¡Dejadme en paz!* – en ese momento algo me agarró fuertemente el brazo y me susurró cosas ininteligibles al oído, inmediatamente me levanté de la pesadilla con el corazón que se me iba a salir del pecho de las palpitaciones. A partir de ese momento dejaron de salirme ese tipo de cardenales y no tuve más problemas "extraños". Lo propuesto por Sergio consiguió que sobrellevase mejor mi malestar, el cual, trataba de un trastorno psicosomático influido por mi malestar anímico. Conceptualizar la enfermedad como un "ataque energético" y llevar a cabo una acción intencional para sanar/ curar, de alguna manera, reavivó mi bienestar anímico que se superaba así mismo tras cumplir poco a poco con la expectativa sobre la sanación/ curación desapareciendo así la *disease* – los cardenales –. Sean reales o no las comprensiones que Sergio Peinado hace de la enfermedad, la clave está en que ofrece terminología y soluciones para dolores y aspectos de nuestra salud que nos son desconocidos. Ese reconocimiento y capacidad de poder atender tu salud para sanar es otra de las cuestiones que hace eficaz terapéuticamente a la psicoterapia alternativa de Sergio Peinado Guerrero ya que hay dolores y malestares inexplicables y, de alguna manera, en esta psicoterapia se atienden incluso sin saber de qué se trata. A una de las pacientes le decía – *"Tu situación va a cambiar porque tiene que cambiar, no existiría un obstáculo en tu vida si no pudieses saltarlo ¿Qué sentido tendría sino?"* – . A lo largo de la psicoterapia vas atendiendo a tu conciencia y a tus recuerdos – de maneras diferentes según el perfil de la persona psicoterapeutizada – ejercitando tu capacidad de atención sobre la intensidad de ciertas emociones y aprendiendo a sumergirte en tu inconsciente para sanar/ curar.

A través de la Psicoastrología, los "ataques energéticos" y otras actividades como audios de centramiento, relajación o las lecturas de ciertas autoras y autores sobre derechos asertivos, temor, relaciones o poder… etc. Las pacientes hemos ido superando los círculos de nuestro averno; bajando por el abismo hasta llegar a la montaña. A las faldas de dicha montaña encontramos el Antepurgatorio que para la etnografía supondrá la fase previa a la hipnosis a recuerdos y las regresiones a vidas pasadas: – *"Hablar del pasado es hablar del presente en profundidad"* –, le dice Sergio a una paciente mientras se van acercando a los recuerdos de su infancia. Este "hablar del pasado" es el comenzar a subir por la montaña del purgatorio, lo cual, no es nada fácil incluso cuando se quiere y se está motivada para ello. Una paciente se negaba en la consulta a hacer hipnosis sobre un recuerdo por lo duro que le resultaba, el psicoterapeuta le decía: – *"Si quieres que eso cambie debes despedirte de la situación"* –, ella le respondía que no estaba preparada para hacerlo. El recuerdo y la hipnosis es, como en la Divina Comedia, una empinada y árida montaña que en su final te hará "ascender al paraíso". Este ascenso al paraíso a través del dolor lo explica muy bien una paciente[17] en una

---

[17] Algo interesante de la paciente es que es una profesional en el ámbito biomédico, además llevaba una cruz como collar, y sin embargo, asiste a esta "medicina alterna-

de las consultas: – *"Llevo unos días buenos. Estoy haciendo los audios de relajación y no me ha hecho falta tomarme nada. Estoy trabajando mucho y creo que voy bien. Yo pensé que no era capaz, que no iba a ser capaz de superarlo"* –. Esta paciente nota su mejora tras un tiempo en la psicoterapia y haber hecho una hipnosis sobre un suceso doloroso y desencadenante de otros dolores.

En esta psicoterapia existen hipnosis de tres tipos: Una hipnosis que podríamos llamar preliminar, hipnosis clínica a recuerdos pasados y las regresiones a vidas pasadas. La "hipnosis preliminar" trata de un tipo de hipnosis que se da de forma previa a las posteriores y trata de un encuentro con la estructura de tu inconsciente y con tu "yo" sabia. Como no he podido asistir a la hipnosis de ningún paciente ni he podido saber lo que ellos vislumbraron, hablaré concretamente de mi experiencia. No sé si esta hipnosis a la que yo he denominado "preliminar" se hace a todos los pacientes indistintamente o si sólo son para perfiles concretos como el mío al que le resulta difícil establecer límites y conectar con sus propias necesidades.

Me estiré en el sofá de Sergio - ¡Con los zapatos encima! pensaba – me puso una manta por encima mientras estaba tumbada en el sofá porque en el proceso de hipnosis coges frío. Posterior a eso el psicoterapeuta pone un audio melódico y relajante mientras habla con su cálida voz – *"Relájate, comienza relajando los pies, las piernas, el torso… así sucesivamente"* – Cuando ya estás relajada con los ojos cerrados, pero despierta, Sergio comienza a decirte que imagines un camino. Antes de seguir con el proceso de visualización imaginativo hay que tener en cuenta, y esto fue expresado por algún paciente en consulta, que no todas las personas visualizan de la misma manera o pueden crear escenarios de manera fácil, de hecho, hay algunas hipnosis en las que solo se sentirán las emociones que emite lo que el psicoterapeuta narra, pero no habrá una visualización clara por parte del o la paciente. Siguiendo con el camino… ahora tenía que dirigirse el camino hacia abajo y luego

---

tiva".

hacia la izquierda – camino del inconsciente – siguiendo ese camino encontraría un edificio – "¿Cómo es ese edificio Paula?" – me pregunta Sergio para que interactúe mientras imagino – *"Es un bloque de hormigón enorme, horrible, gris y abandonado"* –.

Se supone que esa es la estructura de mi inconsciente, intimidante y totalmente abandonada. Después de vislumbrar el edificio Sergio me dice que me meta ahí. El edificio está tan rarito que no tiene ni puertas y en el proceso onírico tuve que meterme por una ventana para encontrarme con un panorama totalmente desolador.

Pasillos oscuros y tétricos construían el interior del edificio, no había absolutamente nadie hasta que Sergio me dice que gire en una de las habitaciones a la izquierda donde encontraría a una anciana. La anciana era pálida como el más puro frío y de alguna manera se parecía un poco a mi abuela paterna. La señora iba totalmente desnuda y ¡Con la permanente hecha! Estaba sentada y cuando me vio, levantó cada arruga de su piel para obsequiarme una mirada de bondad y sabiduría.

Sergio me propuso que le preguntase todo lo que quisiese y eso hice, a todo lo que yo preguntaba ella respondía con total serenidad. La última pregunta que hice fue – *"¿Quién soy?"* – Y ella me respondió – "Eres luz y amor" – y la habitación congelada y oscura se iluminó. Después de esto la anciana me dio un obsequio y el psicoterapeuta preguntó – *"¿Qué te ha dado?"* – Ella me regaló un collar con un cristal azul trasparente por el que Sergio me preguntó – *"¿Dónde lo vas a guardar?"* – y decidí guardarlo en un bolsillo de los pantalones que llevaba. Por último, Sergio me dijo que cuando él contara hasta cierto número me reincorporaría suavemente y así lo hice, incluyendo el levantarme al baño a hacer aguas menores – No sé por qué, pero tras las hipnosis siempre entran ganas de ir al servicio – finalizando el tiempo de consulta el psicoterapeuta me expresó que debía de escribir todo lo que había imaginado, de esta manera, lo recordaría mejor. Este tipo de hipnosis se lleva a cabo antes que las demás porque supone una aproximación a tu mundo onírico, formas de imaginar, de proyectar, transferir y visualizar. Se trata de un primer contacto de lo que luego será una hipnosis más dura y dificultosa ya que entra en juego el factor de la memoria traumática elemento de máxima prioridad en la atención a la salud y enfermedad de esta psicoterapia. Con respecto a las hipnosis que vienen – Hipnosis a recuerdos y regresiones a vidas pasadas – he de decir que en todas salí llorando y llena de mocos, no sé qué tipo de caras pude poner durante la hipnosis, pero seguro que todas aguardaban cierto ápice de vergüenza ajena si me hubiese visto desde fuera. Con esto quiero hacer referencia a que la "intensidad" de las hipnosis no es algo que vivas "por dentro", es decir, que únicamente sea mental, sino que es expresivo e interactivo con el psicoterapeuta quien te atiende en dicho tratamiento tanto con palabras como con gestos. Comenzaré con la hipnosis a recuerdos y finalizaré la etnografía con las regresiones a vidas pasadas.

La hipnosis a recuerdos requiere de preparación previa que trata de recordar la emoción vivida días antes de la hipnosis para inducirte más fácil al recuerdo. Esta hipnosis al igual que la preliminar o la regresión sigue el mismo protocolo; me tumbo en el sofá, manta por encima, audio relajante, Sergio guía…etc.   A partir de ahí Sergio empieza a preguntar – *"¿Dónde te encuentras? ¿Qué hay alrededor? ¿Qué edad tienes?"* – y diversos detalles sobre el recuerdo. Por desgracia en este punto no puedo contar la problemática de puntillas respondiendo solo a los objetivos, sino que para responder a los objetivos debo pisar con toda la planta del pie y expresar en este escrito uno de esos recuerdos pasados que me llevaron a querer sanar mi memoria doliente. Por desgracia este recuerdo no es el único, pero cuando algo traumático te ha sucedido varias veces, debes elegir entre uno entre los recuerdos de aquello sufrido para llevarlo a la hipnosis. En este caso yo llevé uno que iba narrando mientras respondía a las preguntas de Sergio de la siguiente manera.

Tengo 7 años, estoy en un patio enorme de un restaurante. Es la comunión de Fran y todos los niños juegan al fútbol en aquel patio, pero yo no puedo unirme porque llevo vestido, concretamente uno color chocolate conjuntado con una chaquetita de croché rosa palo que no me gustaba nada. Las niñas mayores estaban sentadas en un banco hablando y yo mientras a su lado miraba las bonitas flores que había y sus pequeños insectos, estaba muy entretenida. Uno de los camareros riñó a los niños por estar jugando al balón y cuando este volvió uno de los niños le escupió y todos salieron corriendo del patio dejándome sola. El camarero se fue, pero se giró en la esquina y me dijo que fuera para allá. Yo aún recordando lo que mi madre me decía – "Nunca te vayas con alguien que no conozcas" – fui porque pensé que me iba a reñir por lo que hicieron mis amigos y quería disculparme. Me llevó a la parte de atrás del restaurante donde estaban las botellas vacías – *"¿Y qué pasó ahí?"* – pregunta Sergio. Aquí ya se oscurece el recuerdo y empiezan a aparecer lagunas que en la hipnosis no se intentan rellenar, con lo cual, le cuento al psicoterapeuta todo lo ocurrido con los vacíos. El recuerdo real es que este señor cogió una silla se sentó y me sentó encima de su pene preguntándome en qué colegio estaba, dónde vivía…etc. No recuerdo absolutamente nada de dónde se situaban sus manos o lo que hacía mientras hablaba conmigo, en ese momento con 7 años, sentí un escalofrío que me recorrió toda la espina dorsal hasta mi cerebro dándome la sensación y el pensamiento de que ese era mi último día en la tierra, sentí un miedo tan intenso que creí que iba a morir. Justo en ese momento como si algo me hubiese escuchado o como dice el psicoterapeuta – *"Eso es porque tienes júpiter en la casa 6 proyectado en la 12, cuando pienses que no hay salida, de repente aparece ante ti"* –. Y así fue, justo un camarero entró con la carretilla diciendo – *"¡¿Qué coño haces?!"* – el tío se levantó de la silla y yo salí disparada, corriendo como nunca sin saber hacia dónde y encontrándome justo en la salida cuando todos nuestros padres también se estaban yendo. La cosa es que esto en la hipnosis no es lo que ocurre. Cuando llegamos al momento culmen emocionalmente del recuerdo – cuando el camarero me sienta encima suya – el psicoterapeuta para y pregunta – *"¿Cómo te sientes?"* – Yo le respondo entre lágrimas que me siento mal – *"¿Qué es lo que sientes?"* – Le respondo con mis emociones de miedo por lo que está sucediendo y de culpa por no hacerle caso a mi madre. En este momento Sergio me dice – *"¿Dónde lo sientes?"* – Le digo que en el esófago y me vuelve a preguntar – *"¿De qué color es? ¿Qué forma tiene?"* – Respondo con las características del objeto que supuestamente tengo atorado en el esófago y que representa la intensidad de mis emociones. De nuevo, el psicoterapeuta comienza a encauzar el recuerdo proponiéndote que hables con el abusador en este caso o que te saques ese objeto y se lo pongas a él en el esófago – si quieres – para que sienta lo que tú. Sergio te empieza a decir que si hubiese sabido que eso te haría tanto daño no lo hubiese hecho y comienza a reconciliar el recuerdo, en el cuál, con mucho trabajo porque me negué rotundamente en bastantes ocasiones hasta que entendí el perdón acabé abrazando a mi abusador y reconciliando ese recuerdo. Después Sergio narra cómo me empieza a cubrir una especie de líquido azul por el interior de todo mi cuerpo eliminando poco a poco el objeto atorado en mi esófago.

Cuando el objeto es eliminado, volvemos a seguir el protocolo que nombramos en la "hipnosis preliminar", despertamos suavemente y vamos al baño. Tras esta hipnosis al igual que en la regresión siguiente acabas agotada y a la misma vez con un peso menos en tu mochila vital impulsándote suavemente hacia el paraíso terrenal. Para mí esa experiencia cambió mi forma de percibir esas emociones y de gestionarlas a la hora de sentirlas siendo más fácil otra de las tareas llevadas en consulta "observar tu emoción" cada vez que la tengas para que esta se haga cada vez más pequeña. Una de las pacientes con problemas para gestionar la ira – *"Cuando soy consciente del ataque de ira, ya todo ha pasado"* – tras esta declaración comentaba que esa "observación de la emoción" fue lo que la salvó la última vez de verse descontroladamente irascible.

Siguiendo con la regresión a vidas pasadas, esta tiene el mismo objetivo que la anterior – liberarnos de la intensidad emociones concretas – y sigue los mismos pasos que la anterior solo que cambia su preparación y la actuación del psicoterapeuta en el momento en el que la hipnosis termina. Esta regresión a vidas pasadas debe prepararse con un audio concreto titulado "Refugio en los Alpes" el cuál irá haciéndote bajar por los niveles de consciencia durante la relajación en tu casa. A aquello te prepara para que el día de la regresión tu cabeza sea capaz de imaginar aquella "vida pasada". Lo primero que nos preguntamos antes profundizar en la regresión es ¿Por qué viajar a vidas pasadas? Esto se debe a que hay dolores psicológicos ante ciertas situaciones que no sabemos de dónde vienen puesto que nunca hemos experimentado tal cosa. Por ejemplo, tener un miedo a la pérdida intenso sin haber vivido una circunstancia donde esa emoción se haya dado. Es aquí entonces donde actúan las vidas pasadas. Como decíamos con anterioridad las regresiones a vidas pasadas buscan los mismos objetivos y siguen los mismos pasos que la hipnosis a recuerdos y cambia en el desarrollo de la hipnosis o regresión la actuación del psicoterapeuta para finalizar la visualización. Este final diferente trata de establecer una lejanía, es decir, ya no encarnas a la persona, sino que como ente piensas, sientes y decides. Nos desencarnamos de aquella vida pasada y como ente hacemos lo mismo para curar la emoción; interactuar con el resto de los sujetos y hacer que el líquido azul disuelva el objeto atorado. Después de esto pones un cordón que proteja el espacio donde ocurrieron los hechos, lo guardas y de ahí te llevas un objeto como en la "hipnosis preliminar", curando/ sanando de esta manera, las emociones vividas y el miedo de origen desconocido. Al final de todas las hipnosis sean del tipo que sean siempre se debe escribir para que se queden mejor grabadas en nuestra cognición.

Las hipnosis que viví no eliminaron del todo los miedos y emociones, como dice Sergio, son pequeños desbloqueos que hay que seguir trabajando con la psicoterapia y alguna que otra hipnosis pertinente. A pesar del consejo, decidí no seguir. Las hipnosis realmente tanto a mí como a otros pacientes nos facilitaron el día a día y pudimos sentir que nos "habíamos quitado un peso de encima". La percepción ante ciertas vivencias y dolores cambia por completo otorgando el impulso y las herramientas suficientes para subir en solitud aquella puntiaguda y pedregosa montaña. Después del infierno existe la vuelta a aquella angustiante selva oscura convertida ahora en paraíso terrenal.

11. Conclusiones

De la selva oscura al paraíso terrenal existe un arduo viaje que, dependiendo de las características de cada una, puede sobrellevarse sola, acompañada o acompañada de un guía especialista. En el caso de este trabajo, el especialista que hace de Virgilio utiliza una psicoterapia alternativa con técnicas poco convencionales que, en el contexto donde se halla dicha psicoterapia, pueden ser concebidas como peligrosas o fraudulentas. Es por ello que para este trabajo hemos querido evaluar su eficacia terapéutica.

Finalizando la investigación, podemos decir que esta psicoterapia alternativa – junto con otras que tienen características parecidas – es eficaz y encuentra su mayor grado de eficacia cuando se trata de dolores no conceptualizados socialmente o dolores que se encuentran en el pasado de las personas dolientes. La relación psicoterapeuta – psicoterapeutizado alternativa y las técnicas también alternativas usadas como la carta astral interpretada mediante psicoastrología o la conceptualización de los dolores como "ataques energéticos", agilizan el reconocimiento del dolor y procura que la paciente o el paciente entienda el dolor a su manera mediante procesos de negociación de significados propuestos en la relación psicoterapeuta – psicoterapeutizado. Tal vez no exista nombre socio – cultural para el padecimiento – *sickness* – formando parte de aspectos desconocidos sobre nuestra propia salud, pero de igual manera estos pueden ser tratados, dando la mayor relevancia durante toda la terapia a la dimensión *illness*, la cual, nutre los demás aspectos incluso la *disease* como hemos leído. A través de distintas actividades llevadas a cabo en casa como relajación, centramiento, lectura y "observación de las emociones" se crea un proceso de atención a la salud del psicoterapeuta hacia tu dolor y a la misma vez se promueve el autocuidado y la autoatención de la enfermedad y la salud de las y los pacientes. El cimiento que hace a esta psicoterapia alternativa eficaz es la relación psicoterapeuta – psicoterapeutizado que se genera. La eliminación de límites y creación de cercanía hace proclive no solo una sanación/curación alternativa, sino que genera un proceso de atención/ autoatención que forma parte elemental de la eficacia terapéutica que pueden aportar las técnicas terapéuticas alternativas. Por ejemplo, el uso de la carta astral produce actividad metacognitiva, pero esta filtrada a través de la mencionada relación aumenta su eficacia ya que distribuye de forma más o menos equitativa el poder de atención y cuidado hacia la salud.

Respecto a las técnicas cuyo objetivo elemental y bilateral es la sanación/ curación, es decir, la regresión y las hipnosis, estas son realmente interesantes porque suponen un juego de significados acerca del dolor entre el psicoterapeuta y el psicoterapeutizado que toma espacio en la imaginación de la o el paciente. En estas no se produce un cambio del recuerdo sino una transformación de lo que sientes al recordar o verte frente a esa situación de nuevo, como se diría psicológicamente, a través de la imaginación se elimina el "condicionamiento" emocional a tratar. Aunque existe la duda de que este "condicionamiento desaparecido" pueda volver, pero esto es algo que no ha sido evaluado. De nuevo, estas técnicas hipnóticas recaen de manera impetuosa en la dimensión *illness* de la enfermedad y en lo percibido del dolor por la paciente. En definitiva, podemos establecer que hay medicinas alternativas efectivas y que la psicoterapia de Sergio Peinado Guerrero lo es a través de todos los elementos nombrados a lo largo del documento que producen sanación/ curación. Estos elementos son muy eficaces para ciertos malestares, pero para establecer un grado de eficacia terapéutica se debería de comparar con otra terapia de eficacia terapéutica contrastada sobre los mismos aspectos de los procesos de enfermedad/ atención/ salud. Lo que quiere decir que, en esta investigación, no podemos establecer un grado de eficacia terapéutica, pero sí que es eficaz y por qué lo es.

12. ANEXO I:
Técnicas etnográficas realizadas

12.1. Observación previa basada en mi memoria

Los ejercicios previos a la realización del trabajo de Fin de Grado y correspondientes a los puntos 12. 1 y 12. 2 han sido estudiados, investigados y realizados junto a Henriques Ledro, Constanza.

- **Objeto de estudio:**
  - ➢ Las prácticas terapéuticas de la Psicoastrológica.

- **Lugar y unidad de observación:**
La observación tendrá lugar en Andalucía en la capital de la provincia de Córdoba. Conforme a la unidad de observación, esta será la terapia entendida como momento en el que paciente y terapeuta toman contacto. El terapeuta a través de una serie de técnicas da comienzo al proceso que llevará eventualmente a la sanación. La observación de la terapia nos permitirá atender; a las relaciones que se dan entre sus participantes; a las técnicas que se emplean; a los saberes integrados que en ella se manificstan. El análisis de los ámbitos mencionados anteriormente nos conducirá a las prácticas que de ellos se originan.

GUION DE OBSERVACIÓN
1. Relación paciente terapcuta.
1.1. ¿Cómo acceden los pacientes a la terapia?
1.2. Descripción y explicación del ambiente, el espacio y las personas que interactúan en él.

1.3. Descripción y explicación del comportamiento del paciente antes de iniciar la terapia (antes de emplear las técnicas).

1.2. Descripción y explicación del comportamiento del terapeuta antes de iniciar la terapia.

1.3. Descripción y explicación del comportamiento del paciente durante la terapia.

1.4. Descripción y explicación del comportamiento del paciente tras finalizar la terapia.

1.5. Descripción y explicación del comportamiento del terapeuta tras finalizar la terapia.

1.6. Discurso del paciente antes de iniciar la terapia.

1.7. Discurso del paciente durante la terapia.

1.8. Discurso del paciente tras finalizar la terapia.

1.9. Discurso del terapeuta.

1.10. ¿Qué lógica rige la interacción entre ambos?

2. Técnicas Empleadas.

2.1. Descripción de la Lectura de la carta astral.

2.2. Descripción de la carta astral como técnica.

2.3. Relación con sus elementos.

2.4. Investigar sobre el simbolismo de la carta astral.

2.5. ¿Qué saberes se ven reflejados en la técnica?

2.6. Articulación de otros saberes relacionados con otras disciplinas.
(Operativizado conforme hemos observado)

3. Relación de la Psicoastrología con otras prácticas terapéuticas.

3.1. Prácticas terapéuticas de la medicina convencional.

3.2. Prácticas terapéuticas de las Nuevas Espiritualidades *(New Age)*.

▪ **Tipo de observación:**

Debido a la previa y prolongada observación del campo, nuestro trabajo ha tratado de una observación específica y focalizada en las prácticas terapéuticas que se pueden entrever en la terapia con carta astral. Hemos dejado de lado otros aspectos observables en estas sesiones terapéuticas para responder a nuestros objetivos como por ejemplo profundizar en otras técnicas de terapia o en la relación con otros profesionales. La observación también ha sido creada de manera simple, es decir, mediante la observación de hechos espontáneos, incluyendo una intención descriptivo-interpretativa sin hipótesis previas.

Por último y más importante, hemos realizado una observación – participante en la que Paula ha sido la paciente en consulta y ha tratado de describir e interpretar aquello de lo era participa con los conceptos derivados de la materia antropológica. En la observación hay que destacar el papel de Constanza que, a pesar de no haber podido observar de manera participante como Paula, esto ha servido para traducir los conocimientos adquiridos en el seno de la dinámica social estudiada a los conceptos académicos de la Antropología, de esta manera, poder conceptualizar y ordenar mejor la información para poder pensar sobre ella.

▪ Realización:

Debido al contexto pandémico, no se ha podido realizar una observación participante por parte de las dos implicadas en el equipo de investigación, por tanto, hemos hecho uso de los años que una de las integrantes lleva observando estos lugares Este contexto de terapia ha sido observado desde octubre de 2017 hasta diciembre de 2020, las sesiones de terapia se daban una vez cada dos semanas y durante casi tres horas. La observación ha sido realizada por Paula Bermejo Ruz y Constanza Henriques Ledro. Como decíamos en el apartado *tipo de observación*, Paula ha sido clave para acercarnos a las dinámicas terapéuticas y Constanza para repensar con lejanía y traducir los conocimientos adquiridos al lenguaje antropológico.

▪ Modo de acceso al campo:

Como explicábamos en el texto etnográfico (ya que nos parece relevante en la observación), se accedió al campo a través de un amigo cercano que asistía a este tipo de terapias. A través de una relación de amistad muy cercana que se creó con el psicoterapeuta y afianzada durante años de terapia, hemos podido traer esta temática al estudio antropológico.

- **Métodos de registro:**

Los métodos de registro han sido; el uso de un cuaderno de campo, tablas de clasificación y la memoria tras un estado prolongado y repetitivo en el lugar de observación.

12.2. Entrevista previa.

- **Justificación:**

De nuevo, la Psicoastrología y sus prácticas terapéuticas serán la temática de nuestro proyecto. Esta vez nos centraremos en la eficacia terapéutica y las dinámicas terapeuta – terapeutizado, es decir, la entrevista tratará de profundizar en los factores interpretados como elementales en la observación previa. Debido a la cercanía con el entrevistado, hemos optado por una entrevista semiestructurada en la que se da una conversación previa encauzada por las preguntas y bloques de preguntas preestablecidos.

- **Objetivos específicos de la entrevista:**

El objetivo fundamental de la entrevista es acercarnos a los procesos y mecanismos por los que es posible la sanación del paciente que asiste la terapia concreta. Para el adecuado acercamiento hemos designado los siguientes objetivos:

1. Eficacia terapéutica.
1.1. Conocer qué prácticas generadas en la terapia que ayudan al paciente en su proceso de sanación.
1.2. En qué apartado de las relaciones existentes se produce la eficacia terapéutica.
1.3. Teniendo en cuenta que en el discurso cultural (códigos compartidos) de nuestro campo de estudio se hace una diferencia entre lo que es objetivo (lo que se designa como real) y lo que es creencia (aspecto

subjetivo del individuo; opcionalidad de ser real o no) ¿Es necesaria la creencia en la astrología para que se produzca la eficacia simbólica?

1.4. ¿Es necesaria una relación terapeuta – terapeutizado para que se produzca la eficacia terapéutica?

1.5. Representación individual acerca de la curación que ofrece la Psicoastrología.

2. Dinámica terapeuta – terapeutizado (jerarquía relacional negada en el discurso).

2.1. Analizar las dinámicas dadas en la relación terapeuta-terapeutizado

2.2. ¿Son las relaciones de poder preexistentes consecuencia del sistema médico convencional?

2.3. ¿Son necesarias las dinámicas de poder para que la Psicoastrología cure?

2.4. Representación individual de la relación terapeuta – terapeutizado.

- **Guion de cuestiones:**

1. Acercamiento al entrevistado.

1.1. ¿Cuánto tiempo llevas en terapia?

1.2. ¿Cómo te acercaste a la terapia psicoastrológica?

1.3. Antes de iniciar la terapia ¿Habías tenido inquietudes relacionadas con los astros o las energías?

1.4. ¿Las sigues teniendo?

1.5. ¿Cobran sentido estas inquietudes dentro de esta terapia?

1.6. ¿Habías probado otras terapias antes?

1.7. ¿Por qué decidiste recurrir a la Psicoastrología?

1.8. ¿Qué crees que tiene esta terapia que la diferencia?

2. Terapeuta – terapeutizado.

2.1. ¿Cómo es la relación con tu terapeuta?

2.2. ¿Cómo te sientes cuando hablas con tu terapeuta?

2. 3. ¿Crees que es importante la cercanía con tu terapeuta?

2.4. ¿Qué te aporta esa relación?

3. Eficacia terapéutica.
3.1. ¿De qué forma ha influido en tu vida la terapia psicoastrológica?
3.2. ¿Te ha marcado o está marcando la terapia de alguna forma?
3.3. ¿Qué es lo que cambia en ti?
3.4. ¿Qué has ido aprendiendo a lo largo de la terapia?
3.5. ¿Qué te llevas de las sesiones?
3.6. ¿Tienes algún objetivo concreto?
3.7. ¿Qué te hace seguir en terapia?
3.8. ¿Consideras que esta terapia debería estar dentro del sistema médico convencional?
3.9. ¿Qué aportaría?

- ### Selección de informante:

Según las variables del cuadro de informantes, hemos establecido que el correcto entrevistado sería un *paciente*. Al inicio de la observación explicábamos cómo habíamos sido introducidas en este mundo terapéutico por medio de una persona hallada en el círculo cercano de Paula Bermejo Ruz. Esta persona de la que hablábamos es nuestro entrevistado quien, a día de hoy, sigue en terapia.

Se trata de un joven universitario de 21 años que proviene de una disciplina académica escéptica (ciencias físico – naturales), centrada en aquello que se puede ver, tocar y modificar mediante los sentidos. Es una persona que tiende a desconfiar, es difícil de acceder, muy observadora y reflexiva, algo que usa a modo de defensa para delimitar las características del entorno social o las personas que le rodean, antes de que pueda pasar algo fuera de su alcance (algo que afecta a nuestro papel de entrevistadoras). Como contraposición a lo anterior también es una persona muy habladora, con gran poder de comunicación, pero para que esto se dé hay que pasar sus filtros. Tiene una relación estrecha con el psicoterapeuta y lleva desde los 16 hasta la actualidad en terapia. Es importante que el entrevistado sea un paciente y de estas características debido a que nos puede proporcionar información acerca de todos los objetivos específicos marcados. La cercanía que las entrevistadoras tienen o potencialmente pueden tener con el paciente (debido a las características compartidas como rango de edad, dedicación, lo que emanamos…etc.) también otorgará facilidad de acceso y profundidad de información, siempre focalizada a través del guion de preguntas.

NUESTRO INFORMANTE	GRADO DE COMPROMISO	ACCESO A CONOCIMIENTOS IMPLICADOS	PARTICIPACIÓN EN LA TERAPIA
Paciente	**ALTO.** Está en juego la veracidad de su sanación y su experiencia, además de su sistema de sentido. Existe confianza previa.	Información experiencial sobre a las prácticas y técnicas utilizadas en terapia. Experiencia como terapeutizado.	Participa actualmente. Lleva mucho tiempo en terapia.

- **Tipo de entrevista:**

Se tratará de una entrevista semiestructurada; debido a la complejidad conceptual de nuestra temática, debemos tener claras las preguntas a hacer, aunque estas se vayan modificando según el tono que vaya adquiriendo la dinámica conversacional.

- **Realización (fecha y duración):**

La entrevista tuvo lugar el jueves 17 de junio de 2021 en Andalucía. Duró 46 minutos y 31 segundos.

- **Explicar el modo de acceso al informante:**

El acceso al informante ha sido fácil ya que pertenece al círculo íntimo de Paula. Contactamos con él a través de su número de teléfono, aceptó la propuesta y quedamos en su provincia de residencia.

- **Presentación de los métodos de registro:**

Para el registro de datos hemos usado la grabadora del teléfono móvil y los cuadernos de cada una. No hemos usado otro registro que no sea el escrito y verbal.

12.3. Observación actual.

- **Objeto de estudio:**
➢ Las interacciones habidas en la expresión del dolor y la memoria traumática.

- **Lugar y unidad de observación.**

La observación tendrá lugar en la capital de la provincia de Córdoba, Andalucía, concretamente en el hogar de Sergio Peinado Guerrero, donde se sitúa la consulta en la que se conforma la especial psicoterapia. La U.O se focalizará en la consulta expuesta como epicentro de la expresión del dolor y la memoria.

GUION DE OBSERVACIÓN
(Operativizado conforme se ha observado)

1. Identificar, describir e identificar a los actores implicados y a los espacios en los que se relacionan y con los que se relacionan.

1.1. Reconocer a los pacientes.

1.1.1. Identificar y explicar los aspectos que los configuran como pacientes.

1.2. Reconocer al psicoterapeuta.

1.2.1. Identificar y explicar los aspectos que lo configuran como psicoterapeuta.

1.3. Descripción y explicación del entorno en el que se hallan las relaciones curadoras/sanadoras.

1.4.1. Describir e interpretar el espacio de consulta.

1.4.2.1. Interpretar el ambiente del espacio de consulta en relación a los pacientes y al psicoterapeuta.

1.4.2. Describir e interpretar las relaciones dadas entre paciente y terapeuta.

1.4.2.1. Señalar la relación *ayudador – ayudado.*

1.4.2.1.1. ¿Cómo se conforma?

1.4.2.1.2. ¿Forma parte de la eficacia terapéutica?

2. Señalar y profundizar en las técnicas terapéuticas usadas para tratar la expresión del dolor y la memoria traumática.

2.1. Describir y explicar las técnicas usadas para que se produzca la expresión del dolor y la memoria traumática.

2.1.1. Describir y explicar las técnicas usadas.

2.1.1.1. ¿Son técnicas alternativas?

2.2. Describir y explicar las técnicas usadas para tratar el dolor y la memoria traumática expresada.

2.2.1. Describir y explicar las técnicas usadas.

2.2.1.1. ¿Son técnicas alternativas?

2.3. Describir y explicar la influencia de las técnicas en la expresión y el trato del dolor y el trauma del paciente.

2.3.1. ¿Qué papel juega el psicoterapeuta?

2.3.2. ¿Qué papel juega el paciente?

2.3.3. ¿Tiene influencia la relación entre ambos?

3. Construir el relato que establecen los pacientes sobre su estado de salud tras la consulta.

3.1. Discurso del paciente sobre su dolor en consulta.

3.1.1. Describir y explicar los cambios sentidos.

3.1.1.1. ¿Qué fue lo más significativo para la transformación de su dolor?

3.2. Discurso del paciente acerca de su memoria traumática en consulta.

3.2.1. Describir y explicar los cambios sentidos.

3.2.1.1. ¿Qué fue lo más significativo para la transformación de su dolor?

- **Tipo de observación:**

La observación se ha tratado de una observación – participante focalizada en las formas de eficacia terapéutica. Se trata de una observación – participante ya que ha sido realizada de forma online por los impedimentos de la COVID – 19 y la distancia del lugar donde se da la psicoterapia.

- **Realización:**

De forma online por la plataforma de Facebook, he ido asistiendo a cada una de las consultas en las que se me ha permitido estar mediante la opción de videollamada. Una vez dentro me presentaba y después ocultaba mi audio y cámara para que la consulta online pudiese transcurrir con la cotidianeidad de siempre.

- **Modo de acceso al campo:**

Accedí al campo a través de un amigo cercano que asistía a esta psicoterapia. A través de la relación como paciente y amiga que se creó con el psicoterapeuta. A través de la relación cercana pude traer este tipo de psicoterapia al campo de la Antropología.

- **Métodos de registro:**

He utilizado un cuaderno de campo y un diario de campo para llevar a cabo el registro de la observación. No he utilizado un método de registro más efectivo como una grabadora para así guardar la privacidad de los pacientes y que no quede nada de su intimidad mostrada en consulta grabado.

13. BIBLIIOGRAFÍA

Abril Alonso, A. Ambrosio Flores, E. De Blas Calleja, M.R. Caminero Gómez. A.A. García Lecumberri, C. Higuera Matas, A. De Pablo González, J.M (2019) *Fundamentos de psicobiología*. Editorial Sanz y Torres. Uned.

Apud, I. (2011) "Magia, ciencia y religión en Antropología Social: De Tylor a Levi – Strauss". Nómadas. Critical Journal of Social and Juridical Sciences. Vol. 30. Nº 2, pp 1 – 18.

Bermejo Ruz, P. (2021) *Psicoastrología: Análisis de sus procesos de sanación*. [Manuscrito Universidad de Sevilla].

Blay, A. (1992) *Ser. Curso de psicología de la autorrealización*. Editorial Índigo.

Blázquez-Rodríguez, M. Cornejo-Valle, M., Martín-Andino B (2021) "Una revisión de la eficacia terapéutica". Revista Medicina naturista vol. 15, Nº 1, pp 16 – 21.

Cantón Delgado, M. (2003) "Religión, racionalidad y juegos del lenguaje. Trastienda teórica para una aproximación..." Política y Sociedad, Vol. 40, Nº. 2 pp 253-271.

Comelles, J.M. y Martínez Hernáez, A. (1993) *Enfermedad, cultura y sociedad: Un ensayo sobre las relaciones entre la Antropología Social y la Medicina*. Eudema.

Cornejo Valle M. Blázquez Rodríguez, M. (2013) "La convergencia de salud y espiritualidad en la sociedad postsecular. Las terapias alternativas y la constitución del ambiente holístico" Revista de Antropología experimental Vol. 13. Nº 2, pp 11 – 30.

Cornejo Valle, M. Martín - Andino, M. B. Esteso Rubio, C. Blázquez Rodríguez, M. (2019) "El giro saludable: Sacrificio, sanación, bienestar y su relación con la espiritualidad contemporánea". Athenea Digital. Vol 19, N° 2, pp 1 – 21.

García Ron, A. (25/08/2021) "Medicina alternativa: Pseudociencias y pseudoterapias. Que no te la den con queso!". Neuropediatriaytdah: https://www.neuropediatriaytdah.com/medicina-alternativa-pseudociencias-y-pseudoterapias-que-no-te-la-den-con-queso/

González – Abad, M. J y Alonso Sanz, M (2019) "Utilización de medicina complementaria y alternativa en la población infantil de la Encuesta Nacional de Salud de España". Anales de pediatría Asociación Española de Pediatría. Vol. 91, Núm 4, pp 268 – 271.

Henriques Ledro, C. Bermejo Ruz, P. (2021) *Psicoastrología: Una técnica terapéutica alternativa* [Manuscrito Universidad de Sevilla].

Kaptchuck, T. J. (1998) *Medicina China: Una trama sin tejedor.* Los libros de la liebre de marzo.

Luhrmann, M. T (2018) "Prayer as a metacognitive activity. In Metacognitive diversity". Ed. Martin Fortier, Joelle Proust, Oxford University Press, pp 297-318.

Manzanero, A. L. Recio, M (2012) "El recuerdo de hechos traumáticos: exactitud, tipos y características". Cuadernos de Medicina Forense. Vol 18. N° 1, pp 19 – 25.

Marabini, A. (2013) *Medicinas alternativas y experiencias del cuidado. La práctica del canto propuesta por Germana Giannini: Un análisis etnográfico desde el campo de la Antropología de la Salud* [Trabajo de Fin de Máster, Universidad de Sevilla]

Ministerio de sanidad, política social e igualdad (2011) *Nota resumen informe de terapias naturales.* Gabinete de prensa, expertos del Instituto Carlos III, el Ministerio de Educación y las CCA.

Moreno Feliú, P. (2010) *En el corazón de la zona gris: Una lectura de los campos de Auschwitz.* Editorial Trotta.

Nadal, M. V (19/02/2016) "Cuando la mente es la que crea la enfermedad: La neuróloga Suzanne O'Sullivan retrata en un libro a los pacientes que tienen trastornos psicosomáticos, es decir, que sufren síntomas físicos de enfermedades que no tienen". *El País:* https:// elpais.com/elpais/2016/02/10/ciencia/1455117172_434534.html#?rel=mas

Peleteiro, L. (01/10/2019) "Mucha terapia alternativa y poca rutina de consultas: así es el paciente en España". El confidencial: ACV Alma, Corazón y Vida. Enlace: https://www.elconfidencial.com/alma-corazon-vida/2019-10-01/89-espanoles-no-acudemedico-monitorizarsalud_2169087/#:~:text=La%20 aplicaci%C3%B3n%20de%20medicinas%20alternativa s,aceptaci%C3%B3n%20que%20ronda%20el%2069%25.

Prat, J (2018) La nostalgia de los orígenes. Editorial Kairós.

Quindós – Andrés, G. (02/01/2020) "Pseudoterapias: Entre la fe y el fraude". The conversation: https://theconversation.com/pseudoterapias-entre-la-fe-y-el-fraude-129091

Villalón Muñoz, L. (2020) "¿Dónde creen que van? Una etnografía sobre la comunicación tras la muerte en madres huérfilas". Disparidades, revista de Antropología Vol. 75. Nº 2. Enlace: e018. Doi: >https://doi.org/10.3989/dra.2020.018>

Zapata, L. y Genovesi, M. (2013) "Jeanne Favret – Saada: Ser afectado como medio de conocimiento en el trabajo de campo antropológico". Avá. Revista de Antropología Nº 23, pp 49 – 67.

Young A (1976) "Some Implications of Medical Beliefs and Practices for Social Anthropology". American Anthropologist. Vol. 78. Nº 1, pp 5-24.

Published
in March
2024

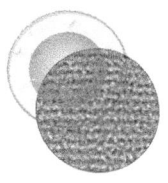

Faber & Sapiens